KB157926

책가방을 메고
오늘도 괜찮은 척

책가방을 메고
오늘도 괜찮은 척

글·그림 **전진우**

팜파스

우리는 친하면서도

서로에게 말할 수 없는 비밀이 있고

우리는 맨날 싸우지만

사실 서로를 부러워하기도 한다

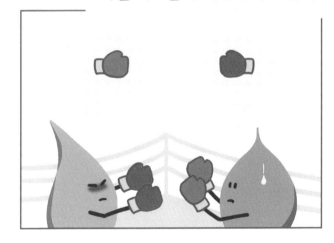

‘네’ 라고 대답했지만

속으론 다른 생각을 할 때도 있고

가끔은 거칠게 말해놓고

뒤에서 후회를 할 때도 있다

나도 나를 모를 때가 많지만

다른 사람들은 나를 정말 모른다

가끔은 나 혼자인 거 같아 외로워도

사실 이건 우리 모두의 이야기

사람들은 사춘기라는 말로

모든 걸 담으려고 하지만

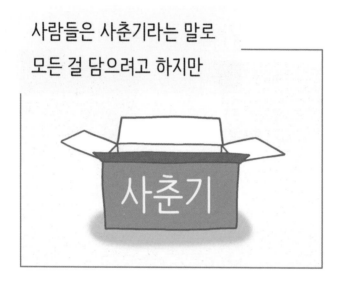

그러기에 우리의 이야기는 꽤 무겁고 크다

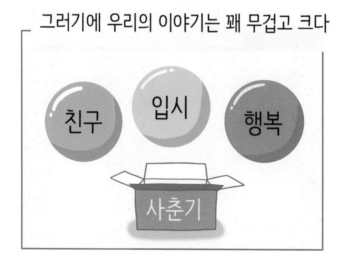

처음 겪기에 더욱 혼란스럽고,
누구에게도 말할 수 없었던 이야기

이제, 그 이야기를 시작합니다

첫 번째 쪽지

친구 사이,
더 가까워지고 싶은데…

두 번째 쪽지

세상에서 가장 이해하기 힘든 존재는 바로 나

집이 아니라 지옥 같아요,
가족이 제일 힘들어요

첫 번째 쪽지

친구 사이,
좀 더 가까워지고
싶은데…

친구들하고 멀어질까 두려워

내가 친하다고 생각하는 친구들은
나를 어떻게 생각할까?
겉으론 친해도 속마음은 나를 싫어하면 어떡하지.
친구들하고 계속 잘 지내고 싶은데
멀어질까 두려워.

내가 좋아하는 친구들의
공통점은 뭘까요?

친구 관계는 공부와 더불어 청소년 친구들에게 큰 고민 중 하나입니다. 실제로 초등학생부터 고등학생까지 청소년 친구들을 대상으로 한 조사에서도 행복과 불행을 느끼는 이유로 '친구 관계'가 꼽히기도 했지요. 특히 청소년 시기에 '친구'는 학교라는 공간에서 몇 년 동안 함께 지내야만 하는 존재이기 때문에 서로에게 끼치는 영향력이 아주 큽니다. 당연히 그에 대한 스트레스나 고민이 많을 수밖에 없습니다.

그중에서도 많은 친구들이 고민하는 건 '좋은 관계'를 계속 유지할 수 있을까 하는 것입니다. 반대로 말하자면 친구들이 나를 미워하거나 다투지 않았으면 하는 바람이지요. 만약 그렇게 된다면 앞으로의 학교생활이 힘들어질 것을 알기 때문입니다. 어른들에게도 대인 관계는 언제나 고민거리이긴 합니다. 그래도 어른들은 설령 문제가 생긴다 해도 직장을 옮기거나 관계에 대처할 능력이나 방법이 훨씬 다양합니다. 하지만 아직 스스로의 힘으로 그럴 수 없는 청소년 친구들에게 대인 관계는 더 큰 부담감이 됩니다.

친구들과 잘 지내기 위해서 어떻게 해야 하는 걸까요? 영어나 수학처럼 정해진 답이 있으면 좋겠지만 사람과의 관계는 정답이 없으니 답답하기만 합니다. 하지만 잘 생각해 보면 그 답은 이미 나에게 있는지도 모릅니다. 왜일까요? 나 역시 다른 친구들에게 '친구'의 존재이기 때문입니다. 결국 나는 어떤 친구에게 호감을 느끼는지, 어떤 친구는 가까이 하고 싶지 않은지를 살펴본다면 약간의 힌트를 얻을 수 있을 겁니다.

사람 사이의 관계는 편안할 때 오랫동안 지속될 수 있습니다. 너무 친한 척을 하거나, 가식적으로 대하는 친구를 봤을 때 나는 어떤 기분이 들었나요? 부자연스러운 말과 행동을 보면 나도 모르게 경계심이 생기기 마련이지요. 사람의 마음은 다른 듯해도 느끼는 건 비슷합니다. 좋은 관계의 시작은 '자연스러움'에서 시작됩니다. 말과 행동이 다르지 않고 솔직한 내 마음을 보여주면 상대방은 편안함을 느끼고 경계심을 풀게 됩니다.

친구들에게 솔직하고 자연스럽게 대하는 것이 모든 고민을 풀어 주는 만능 해결법이 될 수는 없을 겁니다. 하지만 친구 관계를 좋게 풀어 가는 하나의 열쇠는 될 수 있을 겁니다. 친구들에게 잘 보이고 싶은 마음에 가식적으로 대하거나 마음에 없는 말을 너무 많이 하지는 마세요. 그리고 내가 좋아하는 친구들은 나에게 어떻게 대했는지를 잘 생각해 보세요. 대인 관계에도 공부와 연습이 필요하답니다. 앞으로 우리는 끊임없이 사람들을 만나고 헤어질 수밖에 없지요. 이제 그 공부를 시작했다고 생각합시다. 처음부터 완벽한 사람은 없습니다. 지금의 고민을 너무 심각하게 받아들이지 말고 하나씩 배워 간다고 생각하며 앞으로 나아가길 바랍니다.

START

늘 남들보다 늦는 나

나는 늘 남들보다 조금씩 늦는 거 같아.
무언가를 이해하는 속도도 느리고,
친구들보다 키도 늦게 크고 있어.

늘 뒤에서 쫓아가는 기분은 별로 좋지 않아.
마음도 조급해지고 자신감도 떨어지니까.

나도 빨리 뛰고 싶지만
쉽지가 않아.

사실 난 지금도 빨리 뛰고 있는 중이니까.

빠른 것이
꼭 좋은 것일까요?

제주도 올레길에 걸어가다 보면 올레꾼들을 위한 '표식'들을 만나볼 수 있습니다. 길이 여러 개로 갈리는 곳은 나무에 색깔 리본을 달아놓거나, 조랑말을 본 뜬 표지판이 세워져 있지요. 리본과 조랑말 머리 부분이 향하는 쪽으로 가면 올레길을 계속 걸을 수 있습니다. 올레길은 산 둘레길이나 산책로와 달리, 큰 도로나 집과 가게들을 지나쳐 갈 때가 많아요. 그래서 그런 표식들이 길을 찾는 데 큰 도움을 주지요.

가장 유명하다고 알려진 올레길 7코스를 걸었던 적이 있습니다. 사람들이 걷는 방향을 따라 걷다가 길이 헷갈리면 리본과 조랑말 표지판을 보면서 길을 찾았었지요. 표식들이 가리키는 길을 자세히 살펴보았습니다. 그중에는 빠르게 질러가는 길이 있음에도, 빙글빙글 돌아서 가게끔 하는 길 안내도 있었지요. 나중에 알게 된 사실이지만 그 길 위에서만 볼 수 있는 제주의 아름다운 풍경을 만끽하라는 의미라고 합니다. 코스 완주에만 집중하는 사람들은 빙글빙글 돌아가는 길을 무시하고 빠른 길로 질러서 가기도 하지요. 그만큼 시간은 단축되겠지만, 그때부터 올레길은 아름다움이 빠진 그냥 길이 되어 버리고 맙니다.

우리는 보통 느린 것보단 빠른 것이 좋다고 생각합니다. 특히 '목표'가 정해진 길에서는 더욱 속도를 중요하게 생각하지요. 입시라는 목표를 가진 청소년 친구들에게도 '속도'는 아주 중요한 문제일 겁니다. 기왕이면 남들보다 빨리 목표에 도착했으면 하는 바람이지요. 만약 내가 다른 친구들보다 느리다면 스트레스를 받을 테고요. 하지만 우리의 삶은 달리기와는 다릅니다. 빠른 것이 무조건 좋은 게 아닐 수도 있지요. 마치 제주도 올레길처럼 말입니다.

특히 대학교 입시처럼 중요한 일을 앞두고서 마음이 급해지는 경우가 많습니다. 대학교에 빨리 합격해야 한다는 초조한 마음 때문에 잘못된 선택을 할 때도 있지요. 실제로 수시 모집으로 대학 지원을 하는 친구들 중에는 전공이나 앞으로의 진로를 별로 신경 쓰지 않은 채 지원하는 경우가 많습니다. 그 당시에는 일단 빨리 합격만 되면 괜찮다고 생각했지만 막상 합격 후에 다른 분야에 관심이 생기거나, 전공이 나와 맞지 않을 때도 있습니다. 그때 후회하며 되돌리려고 해도 그 과정은 쉽지 않습니다. 빠르게 가려고 하다가 오히려 돌아가게 된 것입니다. 대학 입시뿐만 아니라 우리 삶의 많은 일들은 빠르게 가는 것보다 '제대로 가는 것'이 훨씬 더 중요합니다.

우리의 삶은 느릴 때도 있고 빠를 때도 있지요. 그 시간마다 얻을 수 있는 게 다르고 놓치는 것들도 다릅니다. 조급해하거나 스트레스를 받을 일도 아닙니다. 오히려 느리다는 것에 대해 너무 깊이 고민을 하는 것이 더 위험할 수도 있습니다. 그 시간 동안 주변을 제대로 보지 못할 테니까요. 스스로 느리다고 느껴질 때마다 제주도 올레길을 떠올려 보세요. 빠르게 질러갈 수 있는 길도 빙글빙글 돌아서 가게끔 한 이유를 생각해보세요. 그 마음으로 내 앞에 펼쳐진 삶을 살아가보는 건 어떨까요? 빠른 것이 꼭 좋은 게 아니라는 말, 잊지 않기를 바랍니다.

비교하는 건 정말 싫어!

친구라는 이유로 비교를 하는 건 정말 싫어.
우리는 겉모습도 다르고 성격도 다르잖아.
당연히 잘하는 것도, 좋아하는 것도 달라.
보이는 걸로만 비교하지 않았으면 좋겠어.

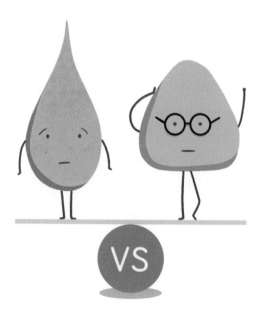

상처를 성장통으로
만드는 방법은 뭘까요?

다들 한 번쯤 '엄친아', '엄친딸' 이야기를 들어 본 적이 있을 겁니다. 엄마 친구의 딸과 아들들은 어쩜 그렇게 못하는 게 없는 걸까요? 처음에는 그냥 듣고 고개를 끄덕이다가도 너무 자주 듣게 되면 은근히 상처가 되기도 합니다. '왜 나에게 그런 말을 할까?' '나는 걔보다 잘하는 게 없는 걸까?' 하면서 말이지요. 학교에서도 비슷한 상황은 종종 일어납니다. 특히 어울려 다니는 친구 무리를 두고 선생님이 비교하실 때가 있지요. "너랑 같이 다니는 친구들은 안 그런데 왜 너만 그러니?" 이런 말을 듣게 되면 겉으로 내색하지 않으려 하지만 속상한 마음은 어쩔 수 없습니다.

나를 누군가와 비교한다는 건 사실 유쾌한 일이 아닙니다. 그럼에도 불구하고 부모님이나 선생님이 비교를 하는 건 아마 우리를 위해서일 겁니다. 하지만 그 비교가 너무 자주 생기거나 정도가 심해지면 우리에게는 상처가 됩니다. 비교가 조금씩 쌓이다 보면 자신감도 떨어지고, 지울 수 없는 흉터가 되기도 하지요. 우리는 '비교되는 것'을 어떻게 바라봐야 하는 걸까요?

우리가 꼭 잊지 말아야 할 것이 있습니다. 사람과 사람은 비교가 불가능하다는 것입니다. 물론 무언가를 더 잘하는 사람이 있을 수는 있습니다. 암기 능력이 더 뛰어나거나, 100미터 달리기 기록이 더 빠른 친구들이 있으니까요. 하지만 무언가를 잘하지 못한다고 해서 그 사람의 가치가 떨어지는 건 아닙니다. 사람은 누구나 똑같은 무게의 가치를 가지고 태어나니까요. 우리가 흔히 말하는 '인권'과 비슷하지요. 사람으로 태어났다면 누구나 똑같이 누릴 권리, 바로 '사람의 권리'처럼 우리는 모두 똑같은 가치를 가진 존재입니다. 무언가를 잘하고 못하고는 그 가치보다 하위에 있는 이야기지요. 모두 똑같은 가치를 지녔다고 생각하고 그 사람을 바라본다면 보이지 않던 것들이 보이게 됩니다. 그 사람이 못하는 것만큼 잘하는 것이 있다는 것을 보게 되고, 그 역시 삶에서는 매우 중요한 능력임을 알게 되지요.

만일 남과의 비교로 인해 마음의 '상처'를 받았다면 곧바로 치료를 해야 합니다. 그 비교가 아무리 좋은 의도였더라도 말입니다. 상처를 제대로 치료하면 '성장통'이 될 수 있지만, 그냥 방치하면 평생의

'흉터'가 되기 때문이지요. 마음의 상처를 치료하는 방법은 무엇일까요? 바로 내가 느낀 것을 차근차근 설명하는 것입니다. 이건 따지거나 화를 내는 것과는 다른 겁니다. 내가 남과 비교가 되어서 어떤 기분이 들고 마음이 어떻게 되었는지를 솔직하게 풀어내는 겁니다. 내 감정을 솔직하게 말한다는 건 쉬운 일이 아닙니다. 하지만 하루 이틀 마음을 내려놓고 있다가 차분하게 말한다면 생각보다 많은 문제들이 해결될 수 있습니다.

다른 사람들은 나의 속마음을 잘 알지 못합니다. 나의 작은 일부분만 볼 수 있기 때문이지요. 그래서 다른 사람과 비교를 하기도 하고, 내가 직접 말하기 전까지 내 기분을 전혀 알지 못합니다. 혹시 지금도 마음의 상처를 안고 있나요? 남과 나를 비교하는 것 때문에 힘이 드나요? 그럼 용기를 내보세요. 내가 어떤 기분이 드는지 표현을 해보세요. 그래야 상처가 흉터가 아닌 성장통이 될 수 있습니다.

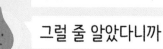

뒷담화 하는 친구들

얼굴을 맞대고 싸우는 것보다 더 무서운 건
내가 없을 때 내 이야기를 하는 거야.

내가 하지도 않았던 말과 행동들까지
이상한 소문으로 퍼져서 다시 나에게 돌아와.

뒷담화란 이름의
'폭력' 앞에서

'뒷담화'라는 건 정말 무섭습니다. 당사자가 없는 상황에서 그 사람의 이야기를 한다는 건 위험한 일이니까요. 잘못된 이야기를 하거나 의도적으로 비난해도 그걸 막을 방법이 없습니다. 뒷담화에서는 보통 안 좋은 이야기가 오고 가고, 그건 나쁜 소문으로 이어집니다. 나쁜 소문은 빨리 퍼진다는 말이 있지요. 그런 소문은 정말로 순식간에 퍼지게 됩니다.

'폭력'이 심각한 문제가 된 요즘, 학교에서는 친구끼리 싸우거나 직접 때리는 일이 예전보다 줄었습니다. 대신에 폭언이나 뒷담화와 같은 방법으로 다른 사람을 괴롭힙니다. 물리적인 폭력은 몸에 상처를 남겨 눈에 띄지만, 언어폭력은 보이지 않는 상처를 남기기 때문이지요. 실제로 많은 청소년 친구들이 언어폭력으로 고민하고 스트레스를 받고 있습니다. 주로 말과 행동을 꼬투리 잡아서 근거 없는 이야기를 만든다든지, 집안 사정이나 감추고 싶은 비밀들을 악의적으로 퍼뜨립니다. 특히 스마트폰이 발달된 요즘에는 채팅 메시지를 이용해 더 빠르고 쉽게 뒷담화를 할 수 있게 되었지요. 그걸로 고통을 받는 친구는 더욱 힘들어질 수밖에 없습니다. 어떻게 손쓸 시간도 없이 순식간에 이상한 사람이 됩니다.

일단 누군가 내 뒤에서 험담을 하고 나쁜 소문을 퍼뜨리는 것도 '폭력'의 일부라는 것을 인식해야 합니다. 인터넷이 발달된 요즘에는 '악플'도 처벌할 수 있도록 법이 생긴 것처럼 말입니다. 우리 몸에 난 상처는 치료를 하고 시간이 지나면 상처가 사라지기도 하지만, 마음에 난 상처는 알기도 어렵고, 쉽게 치료되기도 어렵습니다. 시간이 많이 흐를수록 상처는 더 깊어지고 치료도 정말 어려워지지요. 결국 스스로 폭력임을 인식하고 치료하려는 것이 중요합니다.

하지만 많은 친구들이 이런 문제는 해결하기 어렵다고 생각합니다. 친구들에게 괴롭힘을 당하는 건 선생님이나 부모님께 말씀을 드린다 해도 근본적으로 해결되기가 어렵다는 것이지요. 물론 틀린 말은 아닙니다. 학교 내 폭력이나 괴롭힘은 늘 있었던 일이었지만 아직 완벽하게 해결할 방법이 마련되지 않았습니다. 그래서 많은 친구들이 이런 일이 생겨도 주변에 알리지 않고 혼자서 끙끙 앓고는 합니다. 하지만 그렇게 방치해 두다간 나중에 더 큰 문제가 될 수도 있습니다. 마음의 상처가 마음의 병으로 깊어질 수도 있습니다.

주변에 도움을 요청해서 해결할 수 있는 게 아니라면 일단 내 마음의 안정을 위해서라도 도움의 손길을 요청해야 합니다. 구체적으로 해결을 해줄 순 없더라도 내 이야기를 들어 줄 사람 자체가 필요한 것이지요. 내가 요즘 이런 일로 힘들어하고 있고, 마음의 상처를 받고 있다는 것을 얘기하면서 자신의 마음을 다독일 필요가 있습니다. 상대방에게서 조금이라도 지지를 받는다면, 당장 상황이 바뀌는 건 아니더라도 무거운 마음이 한결 가벼워질 수 있을 테니까요. 지금 이 순간에도 힘들어하는 친구가 있다면 꼭 용기를 내어 보길 바랍니다.

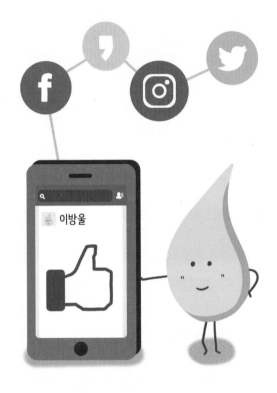

'좋아요'가 좋아요

요즘 스마트폰으로 SNS를 안 하는 친구는 없어.
특히 내가 올린 거에 '좋아요'가 많으면 정말 기분이 좋아져.
누가 '좋아요'를 눌렀고, 얼마나 올라갔는지를 확인하고 싶어.
그래서 시간은 많이 뺏기지만 스마트폰을 놓지 못하겠어.

인기를 얻고 싶고 인정받고 싶은
마음의 딜레마

청소년 친구들에게도 이제 '스마트폰'은 필수품이 되었습니다. 대
부분의 친구들이 스마트폰을 가지고 있다 하지요. 스마트폰을 쓰는
패턴도 어른들과 크게 다르지 않습니다. 게임이나 메시지를 하기도
하고, 각종 SNS(사회관계망서비스)를 이용하기도 합니다. 특히 〈페
이스북〉이나 〈인스타그램〉, 〈카카오스토리〉 같은 SNS에서 재밌
는 것도 보고 친구들과 친해지는 데 많은 시간을 보내지요. 오히려
스마트폰으로 게임을 하는 시간보다 SNS를 하는 시간이 더 길다는
조사 결과도 있습니다.

SNS를 한 번이라도 이용한 사람은 공감하겠지만 '좋아요' 버튼은
너무나 달콤합니다. 내가 올린 게시물에 누군가 공감해 주고 인정
해 줬다는 기분이 드니까요. 하지만 그것 때문에 스마트폰을 손에
서 놓지 못하게 됩니다. 주기적으로 '좋아요'의 숫자를 확인하고, 누
가 눌렀는지를 봐야 하니까요. 또 요즘에는 SNS에 재밌는 사진과

동영상이 매일 올라오지요. 별 생각 없이 보고 있으면 시간이 훅 지나가곤 합니다. 그래서 최근에는 스마트폰에 중독된 청소년 친구들이 많다는 소식들도 자주 들려옵니다. 이렇게 매일 습관적으로 보게 되니까요.

스마트폰과 SNS는 무조건 우리에게 해로운 것일까요? 편리하고 즐거움도 주는 이점이 있는데도 말이지요. 잠시 시간을 돌려 스마트폰이 없던 시절로 가볼까요? 그 시절에는 친구끼리 손 편지나 교환일기를 썼습니다. 재밌는 책은 서로 돌려서 보기도 했지요. 어쩌면 기술이 발달한 지금은 그 모습들이 스마트폰으로 옮겨온 것일 수 있습니다. '좋아요' 버튼을 좋아하는 마음도 마찬가지입니다. 친구들에게 인기를 얻고, 인정을 받고 싶은 마음은 그때나 지금이나 너무나 당연한 거니까요.

이렇게만 생각해 보면 우리가 스마트폰과 SNS를 하는 모습은 아주 자연스러운 모습으로 보여집니다. 하지만 예전과 큰 차이점이 있습니다. 스마트폰과 SNS를 이용한 관계 형성은 모두 '가상세계'에서 이뤄지는 것이지요. 서로 얼굴을 보지 못하고 액정 화면과 자판으로만 만날 수 있습니다. 그렇게 형성된 관계는 단단하지 못합니다. 금방 무너질 수도 있고 시간이 지나면 마음이 허탈해질 수 있습니다. 왜 그럴까요? 본래 사람은 얼굴을 맞대고 대화를 나누며 시간을 함께 보낼 때 공감을 바탕으로 한 관계 형성이 되기 때문입니다.

솔직히 이제 스마트폰이 없는 세상은 상상할 수 없습니다. 청소년 친구들에게도 무조건 스마트폰을 쓰지 말라고 할 수도 없습니다. 다만 스마트폰 속 세상은 '가상세계'임을 잊지 않았으면 좋겠습니다. 결국 우리가 살아갈 삶은 우리 눈앞에 보이는 세상이니까요. 스마트폰과 SNS의 편리함은 잘 활용하면서, 우리의 두 다리는 현실의 땅에 붙이고 있어야 한답니다. 그리고 우리의 무게 중심이 현실에 조금 더 실렸으면 좋겠습니다. 그것이 허탈함과 허무함을 이겨내고, 스마트폰을 스마트하게 쓸 수 있는 방법이 될 것입니다.

좋아하고, 만나고, 헤어지고

좋아하는 사람이 생겼고, 결국 사귀게 됐어.
누구에게도 말 못했던 속마음도 털어놓을 수 있고,
그동안 혼자서 외로웠던 시간도 생각나지 않아.
근데 가끔씩은 헤어지면 어쩌나 걱정을 하게 돼.
다들 이별 후에는 많이 힘들어 하던데 그런 생각이 들면 우울해져.

우리,
연애해도 괜찮을까요?

사람은 누구나 맘에 드는 사람을 보면 사랑을 하고 싶어집니다. 사람이 가지고 있는 아주 자연스러운 감정이지요. 하지만 예전에는 청소년 친구들은 나이가 어리다는 이유로, 공부에 집중해야 한다는 이유로 '사랑'이란 감정을 숨겨야 했던 때가 있었지요. 시간이 흘러 이제는 이러한 생각이 바뀌었습니다. 청소년 친구들도 좋아한다는 감정을 숨기지 않고 연애도 자연스럽게 생각하게 되었지요. 첫 연애를 시작하는 나이도 점점 어려져서 이제는 초등학생 때 첫 연애를 해본 경우도 많습니다.

연애는 참 좋은 겁니다. 누군가를 좋아하고, 그 사람도 나를 좋아한다는 것만큼 우리를 기분 좋게 해주는 게 또 있을까요? 정말 하루하루가 꿈같고, 내가 세상의 주인공이 된 기분이 듭니다. 지루했던 일상에 활력이 솟아나기도 하지요. 특히 내 속마음을 터놓고 말할 사람이 생겼다는 건 정말로 소중한 일입니다. 때론 부모님이나 친구들한테도 말하기 힘든 이야기들이 있으니까요.

물론 연애도 단점은 있습니다. 하나를 꼽자면 서로에게 많은 시간을 들여야 한다는 것이지요. 연애가 시작되면 혼자 지낼 때보다 둘로 서 챙겨야 할 것도 많고, 해야 할 것도 많으니까요. 특히 학교, 학원 으로 시간이 늘 부족한 청소년 친구들에게는 큰 어려움입니다. 하지 만 더 큰 문제는 이별을 했을 때 생깁니다. 우리의 바람과 달리, 대 부분의 연애는 그 끝이 있지요. 연애가 우리에게 큰 기쁨을 줬던 것 만큼 이별을 했을 때도 큰 슬픔을 줍니다. 많은 사람들이 이별 후에 마음을 잡지 못하고 이리저리 방황하면서 많은 시간을 보내게 됩니 다. 결국 연애는 잘될 때나 끝났을 때나 우리의 시간을 많이 쓰게 되 는 일이지요.

그럼에도 불구하고 연애는 중요합니다. 연애만큼 '나'와 '다른 사람' 을 이해하는 방법을 잘 알려 주는 게 없기 때문이지요. 우리는 평생 사랑해야 하고, 사람도 만나야 합니다. 다른 사람을 이해한다는 건 아주 중요한 일이지요. 자신을 비롯해 사람을 이해하는 것에도 시 간과 연습이 필요합니다. 그러니 아직 어리다고 해서 사랑의 감정 을 억제하거나 숨기지 않았으면 좋겠습니다. 내 감정을 자연스럽게 받아들이고 상대방을 존중하며 이해하는 방법을 조금씩 배워 갔으

면 좋겠습니다. 그런 시간들이 쌓여 나의 감정과 생각을 잘 표현하는 사람이 될 수 있을 테니까요.

다만 지켜야 할 것들은 지켜야 합니다. 그 어떤 사람도 상대방이 자신의 일을 소홀히 하면서까지 연애에만 몰두하는 것을 바라지 않습니다. 나의 남자친구 혹은 여자친구도 같은 생각을 하고 있을 겁니다. 또 연애는 두 사람이 함께 하는 것입니다. 일방적이어서는 안 되는 것이지요. 아무리 사랑하는 감정에서 비롯된 것이라도 상대방이 싫어하거나 원하지 않는 것은 하지 말아야 합니다. 막상 연애가 시작되면 이런 것들을 지키기 어려울 수 있습니다. 하지만 내 책임을 다할 때 연애도 즐겁고 오래 지속될 수 있다는 것을 잊지 않았으면 좋겠습니다.

나는 풍선인가?

칭찬을 들은 날은 바람이 가득 차서 하늘을 날아가고,
꾸중을 들은 날은 바람이 다 빠져서 허우적대고.
친구들의 말 한마디, 선생님의 눈빛 하나에
내가 커졌다 작아졌다를 반복해.
이런 내가 괜찮을 걸까?

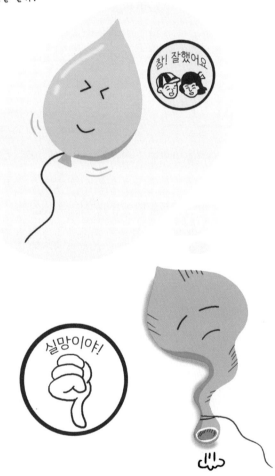

다른 사람의 반응에 따라
롤러코스터를 타는 내 마음, 어떻게 할까요?

잠시 시간을 되돌려 우리가 갓난아기였을 때를 기억해봅시다. 물론 그때의 기억을 생생하게 간직하고 있을 친구는 없겠지요. 잠시 동안만 갓난아기가 되어 보는 상상을 해보세요. 우리는 혼자서 밥도 먹을 수 없고, 화장실도 갈 수 없지요. 제대로 된 말을 할 줄도 모르는 건 당연하고 글자도 읽을 수 없습니다. 목이 말라도 스스로 걸어서 냉장고에 갈 수 없으니 누군가 나를 쳐다보게끔 큰 소리로 우는 것밖에 할 수 있는 게 없습니다. 그래서 우리의 부모님은 언제나 우리 곁을 떠날 수 없습니다. 그럼에도 불구하고 부모님은 화를 내거나 짜증을 내기는커녕 우리의 옹알이 하나, 걸음마 하나에 박수를 쳐주시곤 했지요. 어린 동생이 있는 친구들은 그런 모습들을 많이 보았을 겁니다.

하지만 조금씩 나이를 먹으면서 상황은 달라집니다. 이제는 스스로 해야 할 일들이 생겼습니다. 예전에는 어떤 행동을 해도 예쁘게 봐

주셨던 부모님도 이제는 우리가 어떻게 행동을 하냐에 따라 칭찬과 꾸중을 해주시게 되었습니다. 그래서 대부분의 사람들이 일생의 첫 번째 거짓말을 하는 게 이때쯤입니다. 잘못된 행동을 하고 나서 혼나는 게 무서워 거짓말을 하게 되는 것이지요. 이제 우리는 확실하게 알게 됩니다. 내가 어떻게 하느냐에 따라 나에 대한 평가도 달라진다는 것을요.

좀 더 시간이 흘러 학교에 가면 좀 더 복잡해집니다. 예전에는 부모님과 형제가 전부였지만, 이제는 친구들과 선생님도 계십니다. 나의 말과 행동에 따라 더 다양한 사람에게 좋은 평가를 받기도 하고 나쁜 평가를 받기도 하지요. 친구들에게 인기가 있을 수도 있고, 없을 수도 있습니다.

이 세상 모든 사람은 다른 사람에게 인정과 사랑을 받기를 바랍니다. 그건 태어날 때부터 지닌 특징이지요. '나'라는 존재가 아직 성장하는 과정 중인 청소년 시기에는 그것에 더 민감할 수밖에 없지요. 시간이 더 흘러서 어른이 되더라도 다른 사람의 반응에서 완전히 자유로울 수는 없습니다. 학교는 직장으로, 친구는 동료로 바뀌어서 우리는 다른 사람들의 평가에 신경 쓰며 살아가게 됩니다. 알랭 드 보통의 《불안》이라는 책에는 이런 구절이 나옵니다.

우리의 '에고'나 자아상은 바람이 새는 풍선과 같아, 늘 외부의 사랑이라는 헬륨을 집어넣어 주어야 하고, 무시라는 아주 작은 바늘에 취약하기 짝이 없다.

알랭 드 보통 지음, 《불안》, 은행나무, 2011, 22쪽

우리는 모두 풍선과도 같은 존재라는 것이지요. 이런 느낌은 자연스러운 것입니다. 여기서 중요한 것은 왜 내가 다른 사람들의 '그 반응'에 따라 달라지는지를 아는 것입니다. 이렇게 본질적인 이유를 알아야 스스로를 이해하고 더 단단해진 나 자신이 되어 다른 사람의 반응에서 더 자유로워질 수 있습니다. 다른 사람들의 평가는 참고사항으로 삼고, 그것에 너무 휘둘리지 않도록 연습하는 시간이 필요합니다. 나 말고도 모든 사람들이 똑같이 느끼는 것이니 너무 상심하거나 자책하지 않기를 바랍니다.

난 니가
부러워.

친구가 부러울 때

다른 친구들을 보면 부러운 게 많아.
세상엔 나보다 잘나고 멋있는 사람들이 너무나 많은 거 같아.
나도 친구들보다 잘하거나 매력적인 부분이 있을까?

나를 제일 잘 아는 것도,
제일 모르는 것도 나!

혹시 'Who am I?' 라는 게임을 알고 있나요? 미국 드라마나 영화를 보면 사람들이 이마에 종이쪽지를 붙이고 하는 게임이 가끔 나옵니다. 유명인이나 동물 이름이 적힌 종이쪽지를 자기 이마에 붙이고 그 단어를 맞추는 게임이지요. 다른 사람들은 내 이마에 적힌 단어를 볼 수 있지만 나는 볼 수 없고, 다른 사람들에게 질문을 하면서 알아맞혀야 합니다. 예를 들어 "나는 사람입니까?" 혹은 "나는 영화배우입니까?"와 같은 질문을 하면서 말이죠. 사실 내 이마에 붙여진 단어는 아주 간단한 것인데도 생각보다 맞추기 어렵습니다.

우리가 자신과 친구들을 바라보는 마음도 그와 비슷하지 않을까요? 내 눈에는 다른 친구들의 장점이나 부러운 점이 너무나 잘 보이는데 정작 나의 장점은 잘 보이지가 않지요. 마치 'Who am I?' 게임처럼 말입니다. 진짜로 나는 잘하는 게 없는 걸까요? 나에게는 다른 친구들이 부러워하는 점이 없을까요? 만약 스스로 그렇게 느끼고 있다면 그건 내가 아직 나의 모습을 제대로 본 적이 없어서입니다. 나의 장점을 안다는 것은 내 이마에 붙여진 단어를 찾는 것처럼 어려운 일입니다. 특히 사람은 내가 이미 갖고 있는 것은 별로 대단해 보이지 않기 때문에 스스로 장점을 찾는 건 더욱 시간이 걸리지요. 하지만 잊지 말아야 할 것은 우리는 모두 자신만의 장점과 능력을 가지고 있다는 것입니다. 다른 친구들의 장점에 집중하는 것보다 나에게 집중해야 합니다.

내 장점을 스스로 알아낼 수 있는 쉬운 방법은 '내가 재밌는 일'을 해보는 겁니다. 재밌다는 건 내가 잘하고 있을 확률이 높지요. 설령 잘 못한다 하더라도 재미를 느끼고 있으니 언젠가는 잘하게 될 수 있습니다. 그런 일들을 하면서 자신을 돌아보고 다른 사람들의 평가도 조금씩 참고해 보는 겁니다. 이런 과정들이 쌓이면 스스로 장점을 발견할 수 있지요.

어쩌면 우리는 숨은그림찾기를 하는 것일지도 모릅니다. 나에게 숨어 있는 나의 장점은 아직 내 눈에 보이지 않은 것뿐이지 없는 것이 아니니까요. 기왕이면 남이 찾아 주는 것보단 내가 찾는 게 더 낫습니다. 남들의 평가는 늘 바뀌는 거니까요. 'Who am I?' 게임에서도 내 이마에 있는 단어를 스스로 맞췄을 때 더 짜릿하지요. 다른 사람이 힌트를 많이 줘서 맞힌 건 희열이 떨어집니다. 그러기 위해서는 '나'에 대해서 관심이 많아야 합니다. 다른 사람에게 집중하다 보면 나를 놓치기 쉽지요. 다른 친구들이 부러울 때는, 의도적으로 나에게 집중을 해보세요. 그 친구만큼 잘하는 게 분명히 있을 테니까요.

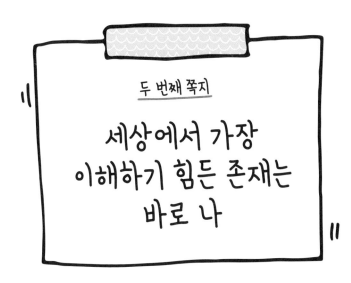

두 번째 쪽지

세상에서 가장
이해하기 힘든 존재는
바로 나

내 성격은 괜찮은 걸까?

하루에도 여러 번 바뀌는 감정들.
누가 날 조금만 건드려도 화가 나고 짜증이 나.
내가 너무 예민한 걸까?

나도 이런 내 성격이 걱정돼.
다른 친구들이 날 어떻게 볼까 신경도 쓰이고 말이야.
요즘에는 스트레스를 많이 받아서 더 그러는 거 같아.

내 성격이 이상한 걸까?
그냥 이렇게 지내도 괜찮을까?

이 세상에 잘못된 감정과
성격이란 없습니다

픽사의 애니메이션 〈인사이드 아웃〉에는 5명의 감정 캐릭터들이 나
옵니다. 기쁨이, 슬픔이, 소심이, 까칠이, 버럭이가 그 주인공이지
요. 이 친구들은 11살 라일리의 마음속에서 함께 지내며 주인공 소
녀의 감정을 만들어 나갑니다. 하지만 이들이 처음부터 함께였던 건
아니었습니다. 처음에는 '기쁨이'와 '슬픔이'로 시작해서 하나씩 늘어
난 것이지요. 실제로 심리학자와 뇌과학자의 도움을 받아 시나리오
를 쓴 〈인사이드 아웃〉은 우리의 이야기와 많이 닮아 있습니다.

청소년기는 '성장'을 하는 시기입니다. 보통 성장을 한다고 하면 '몸'
만 떠올리지만 몸과 함께 성장하는 게 또 있습니다. 바로 '마음'이지
요. 〈인사이드 아웃〉에서 5명의 감정 캐릭터가 차례대로 등장하듯
이 우리의 마음도 성장하는 동안 조금씩 변화를 맞게 됩니다. 많은
청소년 친구들이 예민하거나 다혈질적인 성격으로 스트레스를 받

고 있지요. 이건 친구와의 관계에도 많은 영향을 미치기 때문에 큰 고민이 됩니다. 스스로 성격이 이상한 거 아닐까 의심을 하기도 하지만. 이건 이상해진 게 아니라 '성장'하고 있다는 게 더 정확한 표현일 겁니다.

갑자기 키가 크게 되면 손, 발도 함께 자라서 옷이나 신발이 맞지 않을 때가 있습니다. 우리의 마음도 비슷하지요. 십 대가 되면서 새로운 환경에 적응하고, 공부와 경쟁으로 스트레스를 받게 되면 우리의 감정이 요동을 치게 됩니다. 일종의 성장통과 같습니다. 그때 아직 다듬어지지 않은 감정들이 바깥으로 나오게 되는 것이지요. 짜증을 내거나 화를 낼 수도 있고, 모든 일에 예민하게 반응할 수도 있습니다. 이때 가장 중요한 건 이 모든 과정을 자연스러운 것이라고 생각하는 것입니다. 어른이 되기 전까지 우리는 아직 커가는 과정이기에 지금의 감정들이 균형을 맞출 수 있는 시간을 줘야 하니까요.

하지만 성장은 그 자체로 큰 혼란이 되기도 합니다. 그 혼란을 조금이라도 가라앉힐 방법은 없는 걸까요? 이때는 웹툰이나 영화, 소설이 도움을 줄 수 있습니다. 바로 '이야기'의 힘이지요. 이야기에는 많은 캐릭터가 등장하고 저마다의 성격을 가지고 있습니다. 우리가 어떤 이야기를 보면서 공감이 된다는 건 거기서 '나의 모습'을 봤다는 것입니다. 그러면서 '나만 저런 게 아니구나' 느끼며 위로를 받게 됩니다. 또 나에게는 없는 모습을 보면서 이해를 하게 되고 다른 사람의 마음을 헤아리게 됩니다. 이 모든 것들을 하는 데 있어서 '이야기'만큼 좋은 게 없지요. 성격 때문에 고민이 있는 친구들은 웹툰, 영화, 소설과 같은 이야기들을 많이 보면서 등장인물들의 감정과 행동에 집중해 보길 권합니다. 그 안에서 나의 이야기, 친구들의 이야기를 발견할 수 있을 겁니다.

끝으로, 부정적인 감정을 나쁘게만 보지 않았으면 좋겠습니다. 화가 나는 것, 짜증이 나는 것, 소심한 마음이 생기는 것도 우리 감정의 일부분입니다. 더 나아가 내 마음속에 있는 진심이 우리에게 신호를 보내는 것이기도 합니다. 슬픔이 있을 때 기쁨을 느낄 수도 있습니다. 인사이드 아웃의 다섯 캐릭터처럼 모든 감정은 우리에게 꼭 필요한 것이란 걸 잊지 마세요.

취향이 다를 수도 있잖아

난 아이돌에는 별로 관심이 없고
내가 듣는 음악들은 대중적이지 않아.
웹툰보다는 소설책이 좋고 유행에도 큰 관심이 없어.
이런 내가 싫진 않지만 가끔은 걱정이 돼.
취향이 다르다는 걸로
나를 이상하게 보는 애들도 있으니까.

취향의 차이

남들과 다른 것을 좋아하는
즐거움에 대하여

누구나 음악을 좋아합니다. 하지만 자세히 들여다보면 좋아하는 장르는 저마다 다르지요. 조용한 발라드를 듣는 사람이 있고, 신나는 댄스 음악을 듣는 사람도 있습니다. 아니면 그때그때 기분에 따라 여러 가지 음악을 듣는 사람도 있지요. 물론 음악을 자주 듣지 않는 사람도 있을 겁니다. 이런 것을 가리켜 '취향'이라고 하지요. 내가 좋아하는 것들의 집합입니다.

취향은 사람마다 다른 게 당연합니다. 하지만 때로는 취향 때문에 사람들이 갈라질 때가 있습니다. 청소년 친구들도 예외는 아닙니다. 오히려 더 많은 영향을 받기도 하지요. 실제로 어떤 아이돌 가수를 좋아하냐에 따라 갈등이 생기기도 합니다. 서로 다른 가수를 좋아한다는 이유로 다투거나, 나와 같은 취향이 아닌 친구를 배척하기도 합니다. 사실 아이돌 가수에 별로 관심이 없는 친구들도 있습니다. 이럴 때는 '공통의 관심사'가 없기에 더 큰 갈등이 생기기도 하지요.

어쩌면 취향이 다른 걸로 대립을 하는 건 조금 나을지도 모릅니다. 진짜 힘든 건 나와 같은 취향을 가진 친구가 없을 때입니다. 공통 관심사가 없으니 친구들과 친해질 기회도 줄어들고 때로는 따돌림을 당할 때도 있습니다. 친구들과 좋아하는 게 다르다는 이유로 배척된다는 건 슬픈 일입니다. 서로 취향이 다른 게 당연한 거니까요. 그래서 때로는 좋아하지 않는 것도 좋아하는 척을 하기도 합니다. 많은 친구들이 좋아하는 것을 무작정 따라가기도 합니다. 그렇게 조금씩 나만의 취향을 지워 버리게 됩니다.

사실 지금 십 대 시절을 돌이켜 보면 나 역시 친구들과 취향이 달라지는 걸 원하진 않았던 것 같습니다. 아마 대부분의 사람들이 그럴 겁니다. 하지만 지금은 나만의 취향이 있다는 게 오히려 더 좋습니다. 음악, 책, 영화, 좋아하는 음식까지 말이지요. 때로는 다른 사람이 너무 좋아하는 것은 일부러 피하기도 하니까요. 지금 남다른 취향 때문에 고민을 하는 친구들에게도 곧 일어날 일입니다.

내가 좋아하는 게 생겼다는 건 행복한 일입니다. 사람의 즐거움은 내가 좋아하는 것을 하는 것에서부터 시작되기 때문이지요. 그걸

일찍 발견했다면 더욱 좋은 겁니다. 청소년 시기에 남다른 취향이
생겼다는 건 행운이지요. 내가 행복해질 수 있는 포인트가 늘어난
것이니까요. 좋아하는 것을 혼자 즐긴다는 건 결코 외로운 게 아닙
니다. 함께해서 즐거운 일도 있지만, 혼자여야만 즐거울 수 있는 일
들도 있으니까요. 취향이 다르다는 이유로 주눅 들지 말고 내 행복
에 더욱 집중하길 바랍니다. 내가 좋지 않으면 아무것도 의미가 없
다는 것을 잊지 마세요.

취향의 차이

난 딱히 하고 싶은 게 없는데

난 요즘 의욕이 별로 없어.
공부도 운동도 하고 싶지 않고
그냥 스마트폰을 보거나 게임하는 게 일상이야.

내가 뭘 잘하는지도 모르겠고,
미래에 대해 별로 생각해 본 적 없어.
이런 내가 걱정되기도 하지만 이게 지금의 내 모습이야.

일단 작은 일부터
시작해 본다면 어떨까요?

모든 고등학생이 장밋빛을 희망한다는 뜻은 아니다. 예컨대 공부도, 스포츠도, 연애도, 좌우지간 온갖 활력과 활동에 관심을 보이지 않고 회색을 선호하는 인간도 있거니와, 심지어 내가 아는 범위 내에서조차 그런 인간은 적지 않다. 하지만 그거, 꽤나 쓸쓸한 인생이다.

요네자와 호노부 지음, 《빙과》, 권영주 역, 엘릭시르, 2013, 11쪽

애니메이션으로도 제작된 소설 《빙과》는 '회색인간'을 소개하는 것으로 시작됩니다. 공부도, 스포츠도, 연애에도 관심이 없는 '회색'을 닮은 고등학생 오레키 호타로는 어쩌면 우리의 모습일지도 모릅니다. 생각보다 많은 청소년 친구들이 무기력과 의욕 없는 일상에 힘들어하고 있습니다. 예전보다 입시 경쟁의 기간은 더 늘어났고, 이제는 입시뿐만 아니라 취직처럼 대학 이후의 삶까지도 미리 걱정을 하는 경우가 많아졌기 때문입니다. 적당한 스트레스는 동기부여가 되지만, 심한 스트레스는 의욕을 꺾어 놓으니까요.

사실 의욕이 없고 무기력증을 느끼는 친구들도 속마음에는 잘해 보고 싶은 마음이 있습니다. 하지만 그런 마음이 올라와도 '어차피 해도 안 될 텐데' '나는 원래 그런 거 잘 못하잖아' 같은 생각이 들면 의욕이 줄어들지요. 그런 생각은 보통 과거의 경험 때문에 생기게 됩니다. 공부를 잘해 보려고 했지만 생각만큼 안 되고, 운동이나 다른 취미들도 그리 잘하지 못한다는 것을 경험한 후에 자신감이 떨어지게 되지요. 그 후에는 그런 것들을 아예 시도조차 하지 않으려 하고, 그런 마음들이 모여 무기력함으로 이어지게 됩니다.

그럴 때마다 청소년 시기는 '준비하는 과정'이라는 것을 잊지 않았으면 좋겠습니다. 어떤 사람도 매번 잘할 수는 없고, 처음부터 잘하는 사람은 없습니다. 청소년 친구들은 대부분 처음 하는 것들이 많지요. 아직 생각만큼 잘하지 못하는 게 당연할 수 있습니다. 그럴수록 작은 일부터 해보는 게 좋습니다. 공부를 잘한다는 것도 범위가 너무 크지요. 처음에는 범위를 좁혀서 일단 해보는 게 중요합니다. 사람마다 차이가 있을 테니 범위를 어떻게 잡을지는 나를 기준으로 삼아야 합니다. 수업 시간에 딴짓을 안 하는 것부터 시작할 수도 있고, 하루에 30분씩만 개인 공부에 투자한다고 시작을 정할 수도 있습니다. 운동이나 취미생활도 마찬가지지요. 처음부터 완벽하게 잘하려고 한다면 그 목표에 스스로 무너져서 아예 의욕을 잃게 됩니다.

모든 청소년 친구들이 자의반 타의반으로 입시 경쟁에 뛰어들어야 하는 지금의 현실에서 스스로 무기력함을 고치는 건 생각보다 어려운 일입니다. 공부 말고도 사회에서 인정받을 수 있는 재능들이 더 많아진다면 무기력해진 청소년 친구들이 지금보다 많이 줄어들겠지요. 모두가 하나의 길을 걸어야 하는 지금의 상황에서는 뒤로 처지는 사람이 생길 수밖에 없고 그로 인해 무기력함이 생길 수 있습니다. 하지만 그런 상황을 바꿀 수 있는 것은 나 자신밖에 없습니다. 꼭 생산적인 일이 아니더라도 스스로 즐겁다고 느끼는 일들을 조금 더 찾아보는 시간이 필요합니다. 무언가 조건 없이 해볼 수 있다는 건 청소년 시기 때에만 할 수 있는 특권이라는 것을 잊지 않았으면 좋겠습니다.

나는 잘하는 게 하나도 없는 걸까?

기타 치며 노래하는 모습이 멋있어 보여 기타를 배우고,
날씬한 친구들이 부러워 큰맘 먹고 운동을 시작했어.
근데 잘하지 못하니까 중간에 계속 포기하게 돼.
지금까지 시작해본 건 많은데 끝까지 해본 건 별로 없어.

언젠간 잘 치겠지~ ♬ ♩ ♪

이번엔 작심삼일로
끝내지 않을거야!

알바해서 산 카메라!
열심히 찍어야지~

세상의 '능력자들'만이
알고 있는 비밀

TV를 보면 세상에는 정말로 '능력자'들이 많다는 걸 느끼게 됩니다. 노래를 잘하는 사람, 춤을 잘 추는 사람, 운동을 잘하는 사람, 공부를 잘하는 사람, 손재주가 많은 사람까지. 모두 다 말하기도 힘들 정도로 각양각색의 능력자들이 있습니다. 그들의 '능력'도 이미 충분히 부러운데, 심지어 나와 비슷한 또래라면 왠지 모르게 질투심이 나기도 합니다.

하지만 우리는 한 가지 놓치고 있는 것이 있습니다. 능력자들이 그 '능력'을 갖기까지의 시간을 우리는 보지 못했지요. 사실 아무리 간단해 보이는 일도 내 몸에 익히기까지는 시간이 걸립니다. 사람들이 감탄하고 부러워하는 능력일수록 투자해야 하는 시간과 노력은 더욱 많아집니다. 우리가 TV에서 보는 모습은 그들이 그동안 시간과 노력을 들인 결과물인 것이지요.

게임을 해본 친구들은 알고 있을 겁니다. 새로운 게임을 할 때 우리는 생각보다 공부하고 익혀야 할 게 많지요. 아직 눈에 익지 않은 새로운 캐릭터와 화면에 익숙해질 시간이 필요하고, 그 게임의 시스템과 각종 규칙들도 새롭게 알아야 합니다. 그 후에 오랫동안 게임을 하다가 보면 자연스레 눈과 손에 익숙해지고 잘할 수도 있는 것이지요.

왠지 수학이나 영어 같은 공부는 꾸준히 시간을 들여서 애써 해야 할 것 같고, 게임이나 취미생활은 그냥 쉽게 할 수 있을 거라고 생각하는 경우가 많습니다. 하지만 공부, 취미생활 모두 익숙해지고 잘하기 위해서는 '시간'을 투자해야 합니다. 다른 점이 있다면 공부는 강제성을 느끼고 흥미를 유지하기가 어려운 편이지만, 취미생활은 좀 더 자유롭고 흥미 유지가 더 잘되는 편입니다. 그래서 오래 시간을 들이는 것은 같아도, 체감하는 시간은 다르게 느껴지기도 하지요. 그런 면에서 보면 청소년 시기에는 모든 게 익숙하지 않은 때이기도 합니다. 이미 익숙한 것보다는 매번 새롭게 시작해 보는 것이 훨씬 많을 시기이지요. 그만큼 새로운 것에 대한 도전 욕구와 관심도 많습니다. 많은 친구들이 의욕적으로 이것저것 시도해 보는 것도 이런 이유 때문이지요.

하지만 금세 흥미를 잃고 중도에 포기하는 이유도 여기에 있습니다. 머릿속으로는 조금만 하면 나도 다른 사람들처럼 금방 잘할 수 있을 거라 생각하지만 실제는 그렇지 않으니, 의욕을 잃게 되는 것이지요. 그래서 공부나 취미생활을 초반에만 열심히 하다가 흥미를 잃고 놔버리는 경우가 많습니다. 그러면서 '나는 재능이 없는 거 같아'라는 생각을 하기도 합니다.

앞으로는 그런 순간이 올 때마다 생각을 달리 해보는 건 어떨까요? 내가 재능이 없어서가 아니라 아직 충분한 시간 동안 해보지 못해서라고 말이지요. 조금 서투르고 잘하지 못하는 게 어쩌면 당연한 일이라고 생각해 보는 겁니다. 그럼에도 그것을 잘하고 싶다면 조금 더 시간과 노력을 투자해 보는 것이지요. 사실 잘하는 것보다 중요한 건 흥미를 잃지 않는 겁니다. 흥미를 잃지 않으면 꾸준히 할 수 있고, 꾸준히 하다 보면 조금 더 잘할 수 있게 되는 거니까요. 결코 어떤 사람이든 어떤 일이든 한 번에 잘할 수 있는 건 없다는 걸 잊지 마세요!

5분만 더...

마음을 다잡아도 자꾸 포기하는 나

아침엔 항상 늦잠을 자서 지각할 때가 많아.
친구들 약속도 자주 어기게 되고
점점 더 게을러지는 거 같아서 고민이야.
게으른 내가 싫지만 막상 고치려고 하면 다 귀찮아져.

내가 즐거우면
하기 싫어지지 않습니다

우리는 매일 아침 '늦잠과의 전쟁'을 치릅니다. 학년이 올라가도 크게 달라지지 않지요. 사실 학교를 졸업하고 출근하게 되어도 상황은 비슷한 것 같습니다. 왜 우리는 매년 똑같은 싸움을 반복하는 걸까요? 늦잠을 자고 지각을 하는 건 고칠 수 없는 습관일 걸까요?

매일 반복되는 늦잠과 지각을 단순히 '게으름'으로 연결시키기에는 미심쩍은 부분이 있습니다. 소풍을 가는 날이나 주말에 하고 싶은 걸 하러 갈 때는 눈이 저절로 떠지니까요. 일어나서도 기분이 좋고, 준비 시간도 넉넉하니 지각도 하지 않지요. 그날의 '나'는 평소의 나와 다른 사람처럼 느껴지기도 합니다. 정말로 게으른 사람이었다면 무슨 일이 있던 늑장을 부리지 않았을까요? 사실 우리가 늦잠을 자고 지각을 한다는 건 '하기 싫다'라는 마음이 무의식적으로 행동에 반영된 것이기도 합니다. 단순하게 '게으르다'고 말하기에는 더 복잡한 이유들이 있는 것이지요.

물론 전날 밤 늦게 잠들어서 혹은 잠을 설쳐서 늦잠을 자는 경우도 많지만, 별다른 이유 없이 늦잠을 자고 게으름을 피우게 되는 건 우리의 무의식과 많은 관련이 있습니다. 사람은 기계와 달라서 '기분'과 '감정'이 행동에 큰 영향을 미칩니다. '하기 싫다'라는 기분이 들면 우리의 몸은 느려지고 의욕이 떨어지게 되는 것이지요. 반면 기계는 어떤 상황이라도 자신에게 프로그래밍된 동작을 빈틈없이 해냅니다.

이렇듯 사람은 기계가 아니기 때문에 쉬기도 하고, 즐거움이 있어야 합니다. 매일 정해진 시간표대로 수동적인 일상을 사는 청소년 친구들에게는 이것이 남의 이야기처럼 들릴 겁니다. 즐거움이 사라진 일상은 우리의 의욕을 꺾어 놓습니다. 그런 마음이 쌓이면 행동이 게을러지게 되는 것이지요. 하기 싫은 일을 최대한 안 하거나 나중에 하려고 합니다. 열심히 세운 계획을 잘 실천하지 못하는 것도 비슷한 이유일 때가 많습니다. '즐거움'이 빠지고 해야 할 것들만 가득 차 있는 계획은 그 누구라도 쉽게 실천할 수 없지요.

스스로 게으르다고 느껴지고 스트레스를 받는다면 일상을 돌아볼 필요가 있습니다. 하루 중에 즐거움을 느끼는 시간이 얼마나 되는지, 최근에 마음이 설렌 날들이 얼마나 있었는지 생각해 보는 겁니다. 아마 많은 친구들이 즐거움이나 설레는 감정을 잊고 지낸 지 오래되었을 겁니다. 사람은 즐거움 없이는 어떤 일도 할 수 없다는 것을 잊지 않았으면 좋겠습니다. 아침에 눈이 저절로 떠진 날은 분명 '즐거움'이 기다리고 있었던 날이었다는 것을 생각해 보세요.

매일매일이 소풍가는 날처럼 기쁠 수는 없습니다. 하기 싫어도 해야 할 일이 있고, 지루하고 어려운 일들도 꼭 경험해야 하니까요. 하지만 즐거움 없이 사는 것도 불가능합니다. 청소년이기에 '즐거움'은 사치라는 생각은 하지 않았으면 좋겠습니다. 어떤 사람도 즐거움을 의무적으로 반납해야 할 사람은 없습니다. 너무 많지 않아도 괜찮습니다. 하루 중에 약간의 즐거움을 꼭 느낄 수 있길 바랍니다.

뽀루지

손톱보다 작은 뽀루지가 난 건데 내 눈에는 그것만 보여.
다른 사람들이 날 보면 그것만 볼 것 같고 말이야.
사실 나는 내 친구 얼굴에 난 뽀루지가 기억나지 않거든.
근데 왜 내 볼에 난 뽀루지만 크게 보일까?

나는 왜 작은 뾰루지가
계속 신경 쓰일까요?

다들 얼굴에 난 뾰루지 때문에 고민해 본 적이 있을 겁니다. 아주 작은 뾰루지인데도 내 눈에는 엄청나게 커 보이고 말이지요. 그건 남들에게 내 모습이 어떻게 보일까 늘 신경을 쓰기 때문입니다. 누구나 겪는 아주 자연스러운 일이지요. 하지만 왜 그런 마음이 생길까 고민을 해볼 필요는 있습니다. 왜 우리는 다른 사람들의 평가에 민감한 것일까요? 왜 늘 멋있고 예쁜 모습만 보이고 싶을까요?

사람은 누구나 다른 사람들에게 '인정'을 받고 싶은 본능이 있습니다. 누군가에게 좋은 평가를 받을 때 나의 존재가 확인되기 때문이지요. 청소년 때는 보통 공부나 운동 실력 혹은 외모, 성격을 통해 '나'라는 사람의 가치를 인정받고는 합니다. 만약 다른 사람들에게 인정을 받지 못한다면 나의 존재감이 희미해지겠지요. 어쩌면 나는 이 세상에 있어도 그만, 없어도 그만인 사람처럼 느껴질지도 모릅니다. 그러니 얼굴에 작은 뾰루지가 나도 '혹시 남들이 날 못났다고 생각하지 않을까?' 고민을 하게 되는 것입니다.

이렇게 다른 사람들에게 인정을 받고 싶은 마음은 청소년 친구들에게만 있는 건 아닙니다. 사람이라면 나이를 떠나 누구나 남에게 인정받고 싶은 마음을 가지고 있지요. 그렇기 때문에 스스로 자책하거나 스트레스를 받을 필요도 없어요. 하지만 하나 잊지 말아야 할 것은 나의 존재를 확인하는 방법은 다른 사람의 '인정' 말고도 여러 가지가 있다는 사실입니다.

그중 제일 좋은 방법은 내가 좋아하거나 잘하는 것을 찾는 것입니다. 그건 다른 사람들의 인정과는 상관이 없는 일입니다. 다른 친구들은 모두 육상 트랙에서 100미터 달리기를 하고 있다고 해도, 난 물에서 수영을 하는 게 자신이 있다면 묵묵히 그 일을 해나가는 것이지요. 그렇게 시간이 조금 걸리더라도 자신의 흥미를 찾고 성취감을 느끼면 다른 사람의 평가에 상관없이 내가 괜찮고 멋있는 존재라는 것을 느끼게 됩니다. 이렇게 느낀 마음은 쉽게 흔들리지도 않고, 인생을 살아가는 데 있어서 아주 큰 힘이 됩니다. 이런 게 계속 쌓이다 보면 '자존감'이 강한 사람이 될 수 있는 것이고요.

잘 생각해 보세요. 내가 칭찬을 받아도, 내가 꾸중을 들어도 내가 나인 것은 변하지 않습니다. 당연히 얼굴에 난 뾰루지도 나의 모습을 바꿔 놓을 수 없고요. 다른 사람의 의견으로만 나 자신을 평가하지 마세요. 나의 진정한 모습을 잘 알고 있는 사람은 바로 나 자신뿐입니다.

자신감 (自信感)
: 스스로를 믿는 마음

자신감

키가 작아도 괜찮아

나이는 똑같은데 나는 왜 키가 작을까?
맨날 늦게 자고, 밥보다 라면을 좋아하고
우유도 안 마셔서 그런 걸까.

어쩌면 태어날 때부터 이미 '키'는 정해져 있는지도 몰라.
그렇다면 키는 내 맘대로 바꿀 수 없는 거겠지.

우리를 멋지게 만드는 건
'나만의 매력'

고등학교 때 친했던 친구가 있었습니다. 집도 가깝고, 좋아하는 것도 비슷해서 자주 만나고 친하게 지냈지요. 속 깊은 이야기까지 스스럼없이 털어놓을 수 있을 정도로 그 친구와 가까웠습니다. 하지만 그 친구와 다른 게 하나 있었는데 바로 '키'였습니다. 그 친구는 또래보다 키가 훨씬 컸고, 나는 또래들 중에 작은 편에 속했지요. 겉으로 티를 내진 않았지만 키가 큰 그 친구를 부러워했던 때가 있었습니다. 늘 부모님이나 선생님들은 일찍 자고 밥도 잘 챙겨 먹어야 키가 큰다고 말했지만, 사실 그 친구는 나보다도 늦게 자고 밥보다 라면을 더 즐겨 먹었지요. 그때 느꼈던 것 같습니다. 사람마다 태어날 때부터 정해진 키가 있는 건 아닐까 하고요.

종종 학교에서 특강을 할 때면 미리 작은 종이를 나눠 주고 요즘 나를 힘들게 하는 고민 사연을 받아 오곤 합니다. 집으로 돌아와 친구들의 사연을 하나씩 살펴보면 공부, 친구 관계만큼이나 '키'에 대한 고민이 많다는 걸 알 수 있었지요. 그중에서도 기억에 남는 사연은 작은 키 때문에 우울하다는 것이었습니다. 어른들은 어차피 나이 들면 다 크게 되는데 뭘 그렇게 고민을 하냐고 하지만, 청소년 시기를 보내고 있는 친구들에게는 키 때문에 행복해질 수도, 불행해질 수도 있는 중대한 문제이지요.

학창 시절을 돌이켜 보면 키가 큰 친구들을 부러워한 적도 많고, 키 때문에 고민도 많았습니다. 하지만 점점 시간이 흐르면서 그런 생각들이 불필요하다는 걸 느끼게 되었지요. 사람에게는 키 말고도 나를 드러낼 수 있는 방법은 여러 가지가 있기 때문입니다. 다른 사람들은 흉내 낼 수 없는 나만의 장점이 분명 있습니다. 그럼에도 '키'가 중요하다고 느끼는 건 누구나 쉽게 볼 수 있는 '나의 모습'이기 때문입니다. 이미 '키' 하나로 많은 것들을 평가받는다고 생각하는 것이지요. 하지만 우리의 외모가 우리의 모든 것을 나타내진 않습니다. 모든 사람은 외모로 드러나지 않는 자신만의 모습이 있습니다. 외모는 얌전해 보여도 속마음에는 큰 용기를 가진 친구도 있고, 외모는 강해 보이지만 아주 여린 감성을 가진 친구들도 많습니다. 그렇게 감춰져 있는 그 모습을 제일 먼저 찾아낼 사람은 바로 '나 자신'입니다.

외모에 가려진 나만의 모습들을 많이 발견할수록 '자신감'을 가질 수 있지요. '자신감'이란 단어를 살펴보면 '스스로 자(自)', '믿을 신(信)', '느낄 감(感)'이라는 뜻으로 만들어졌다는 것을 알 수 있습니다. 쉽게 풀어 말하면 '나 자신을 믿는 마음'이라고도 말할 수 있습니다. 남들이 나를 어떻게 보는 것과 상관없이 나는 나를 잘 알고 있다는 마음. 그렇게 스스로를 믿는 마음, 그런 마음이 많이 쌓일수록 자신감이 높아지고, 높은 자신감은 자존감으로 연결될 수 있습니다. 청소년 시기는 나를 알아가는 시기이면서, 나를 믿어가는 과정이기도 합니다. 남들과 다른 모습을 발견하며, 나만이 가진 것들을 찾는 때입니다. 그 과정을 충실하게 겪은 친구들은 성인이 되어서도 자신감을 가질 수 있지요.

'키'처럼 겉으로 보이는 모습으로 다른 사람들의 인정을 받는 건 쉬운 일입니다. 정작 키가 큰 사람들은 평소에 키가 크다는 걸 잊고 지낼 때가 많지요. 우리를 더욱 행복하게 만들어 주는 것은 '나만 가지고 있는 매력'이 많을 때입니다. 키 때문에 받는 스트레스를 나만의 매력을 찾는 에너지로 바꿀 수 있다면 우리는 조금 더 행복해질 수 있지 않을까요?

인생에도 정답이 있었으면 좋겠다

공부가 하기 싫을 때는 어떻게 해야 할까?
친구들에게 인기를 얻고 싶으면 어떻게 해야 할까?
좀 더 쉽게 다이어트를 할 수는 없을까?

매일매일 나를 힘들게 하는 이런 고민들에도
시험처럼 정답이 있었으면 좋겠어.

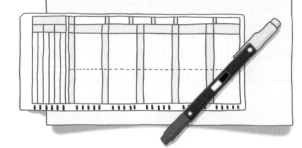

십대 고민 영역

| 이름 | | 수험번호 | |

1. 공부가 하기 싫어질 때는 어떻게 해야 할까?

2. 친구들에게 인기를 얻으려면 어떻게 해야 할까?

3. 쉽게 다이어트를 하는 방법은 없을까?

4. 감정조절을 잘할 수 있는 방법은 무엇일까?

정답보다 '나만의 답'이
중요한 문제도 있답니다

세상에 고민 없이 사는 사람이 있을까요?

나이, 성별에 상관없이 세상 모든 사람들은 매일 고민을 안고 살아갑니다. 그중에서도 우리나라 청소년 친구들은 특히 더 힘든 시간을 보내고 있지 않을까 싶습니다. 공부도 잘해야 하고, 외모도 신경써야 하고, 친구들과의 관계도 소홀히 할 수 없지요. 학교에 가서 특강을 할 때 청소년 친구들의 고민을 들어 보면 어른들 못지않게 고민의 깊이가 깊다는 걸 느끼게 됩니다. 고민 내용들도 거의 비슷한 편인데, 그만큼 그 고민의 답을 찾기 어렵다는 것이겠지요.

사실 나이가 어렸을 때는 모든 일에 거의 정답이 있었지요. 그만큼 고민의 깊이도 얕았고요. 부모님이나 선생님의 말씀대로만 해도 큰 문제가 없었습니다. 하지만 점점 시간이 흐르면서 정답이 보이지 않는 고민들이 계속 생겨나게 됩니다. 그러다 보니 나도 모르게 계속 '정답'을 찾게 됩니다. 그래서 부모님이나 선생님이 바라는 대로 하기도 하고, 주변 친구들의 결정에 따라가기도 합니다. 그것도 힘이 들 때는 그냥 고민을 방치해 버리는 경우도 종종 있지요.

과연 어떤 방법이 좋은 걸까요? 부모님, 선생님의 말씀이 옳을까요? 친구의 행동이 맞는 걸까요? 아니면 TV나 책을 봐야 하는 걸까요. 그 답을 찾기 전에 꼭 알아 두어야 할 것이 있습니다. 세상에는 두 가지 문제가 있다는 사실입니다. 바로 '정답이 있는 문제'와 '정답이 없는 문제'입니다. 세상에 정답이 없는 문제도 있을까 생각할 수도 있지만, 사실 삶에서 생기는 고민들은 정답이 없을 때가 더욱 많습니다. 그때는 정답 대신 내 기준에 맞춘 '나만의 답'이 필요합니다. 반대로 학교에서 배우는 공부는 대부분 이미 정해진 답이 있지요. 이 두 가지 문제를 구별할 수 있다면 벌써 절반은 성공한 것이나 다름없습니다.

공부에서는 정답을 찾도록 노력하는 게 맞고, 나의 인생에서 생긴 문제는 '나만의 답'을 찾는 것이 중요합니다. 어떤 고등학교를 가야 할까, 나에겐 대학이 맞는 것일까, 간다면 어떤 전공을 해야 할까. 이런 고민들에는 정답이 있을 수 없습니다. 그 선택을 하는 사람이 어떤 사람이냐에 따라 답이 달라질 수 있기 때문이지요. 그러기 위해서는 내가 무엇을 좋아하고, 또 그것을 위해 뭘 할 수 있을지를 잘 알아야 합니다. 물론 이런 것들을 하루아침에 알 수는 없지요. 어쩌면 수학이나 영어 공부보다 훨씬 더 오래 걸릴 수도 있습니다.

청소년 시기는 그런 '나 자신'을 알아가는 시간이기도 합니다. 태어나 처음으로 맞닥뜨린 인생의 문제에 답을 찾기 위해 나는 어떤 사람인지 공부하는 것입니다. 그런 것들이 쌓여서 나의 주관이 생기고 철학이 만들어지는 것입니다. 할 것도 많고, 알아야 할 것도 많은 시기이지만 정답이 없는 문제에도 시험공부만큼 힘을 쏟는다면 생각보다 많은 고민들이 해결될 것입니다.

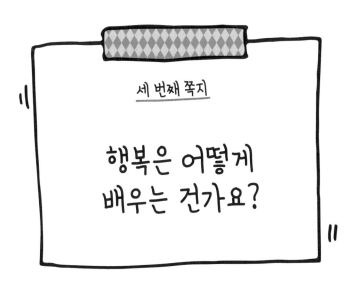

세 번째 쪽지

행복은 어떻게
배우는 건가요?

게임이 재밌는 또 다른 이유

게임을 하면 부모님이 걱정하신다는 걸 잘 알아.
게임에 너무 많은 시간을 뺏겨서도 안 된다는 것도 알고 있어.

그래도 계속 게임을 하게 되는 건
'내가 무언가를 잘하고 있다'는 느낌을 받아서야.
프로게이머처럼 매일 게임만 할 수 있으면
얼마나 좋을까?

딱 한 판만…

게임이 내게 채워 주는
행복의 조건

사람과 게임의 인연은 꽤 오래되었습니다. 청소년 친구들은 게임을 컴퓨터나 스마트폰을 통해서 접했기 때문에 '게임=컴퓨터'라는 생각을 갖고 있을 겁니다. 하지만 게임은 예전에는 조금 다른 모습이었어요. 집집마다 컴퓨터가 보급되지 않았을 때는 '게임=오락실'이었고, 그보다 더 예전에는 바둑이나 장기가 그 역할을 맡기도 했습니다. 시대에 따라 게임의 모습은 조금씩 달랐지만 언제나 사람들을 푹 빠지게 하는 매력이 있다는 건 똑같았습니다.

대부분의 어른들은 게임은 쉽고 단순한 것이라 생각하지만, 요즘 청소년 친구들이 하는 게임들은 생각보다 어렵고 복잡합니다. 스스로 전략을 짜고, 각종 데이터를 외우고, 필요한 순간에 재빠르게 움직여 줄 손 기술도 필요합니다. 온라인 게임이 대중화된 지금은 방에서 혼자 게임을 하는 것이 아니기 때문에 최신 게임 소식에도 밝아야 합니다. 복잡하고 어려운 만큼 잘했을 때의 기쁨도 큽니다. 게임을 잘한다는 것만으로도 다른 사람들의 부러움을 살 수도 있지요.

스스로 무언가를 계획하고 직접 내 손으로 이룬다는 것은 정말로 큰 성취감을 가져다줍니다. 지금 청소년 친구들에게 게임이 더욱 매력적으로 다가오는 건 그런 성취감을 느끼게 해주기 때문입니다. 그만큼 일상에서 성취감을 느낄 기회가 부족하기도 하고요. 하지만 우리는 게임의 매력을 아는 만큼 한계점도 알아야 할 필요가 있습니다. 아무리 복잡하고 어려운 게임도 결국 정해진 틀 안에서 플레이 한다는 것이지요. 게임 캐릭터가 올릴 수 있는 레벨도 한계점이 있듯이 말입니다.

일상에서도 게임과 같이 무언가를 직접 계획하고 내 손으로 성취할 수 있다면 어떨까요? 사람은 모두 손으로 하는 일에 매력을 느낍니다. 무언가를 만들거나, 글을 쓰거나, 요리를 만드는 것처럼 말입니다. 컴퓨터 게임보다는 시간도 좀 더 걸리고 힘들 수도 있지만 성취감은 더욱 클 겁니다. 게임 캐릭터를 키우듯이 실제 세상에서 스스로 스킬을 연마하고 아이템을 모으는 재미가 있지요. 물론 가끔씩은 게임 속 세상에서 성취감을 느끼는 것도 괜찮습니다.

게임은 언제나 사람들의 사랑을 받아 왔습니다. 게임이 문제가 되는 건 인생을 살면서 느낄 수 있는 성취감과 기쁨을 게임에서만 찾고 느낄 때입니다. 내가 계속 게임에만 몰두한다면 그만큼 일상에서 느낄 수 있는 기쁨이 적어지기 때문이지요. 무작정 게임을 좋아하거나 싫어하지 말고 본질적인 이유를 찾아서 나에게 진정한 행복을 주는 방법을 찾는 것이 더욱 중요합니다. 게임 때문에 고민이 많은 친구라면 지금부터라도 고민의 진짜 이유를 찾아보세요. 답은 생각보다 멀리 있지 않습니다.

나의 사랑 웹툰

내용도 재밌고, 그림이라서 이해하기도 편해.
매일 새로운 웹툰이 올라오니 골라보는 재미도 있고 말이야.

그런데 다들 책을 읽는 게 좋다고 하잖아.
솔직히 난 책보다 웹툰이 더 좋거든.
웹툰으로는 무언가를 배우고 느낄 수 없을까?

나에게 웹툰은 책이야

세상에서 감동받는 방법은
여러 가지입니다

이제 막 고등학생이 되었을 무렵, 집 근처에 큰 서점이 하나 생겼습니다. 학원을 가거나 친구들을 만날 때 꼭 지나칠 수밖에 없는 위치라 가끔씩 들어가 책을 구경하곤 했지요. 사실 평소에 책을 많이 읽었던 건 아니었습니다. 책을 많이 읽어야 한다는 얘기는 많이 들었지만, 학교에서 읽도록 시키기 전까지는 스스로 읽은 적이 많지 않았지요.

그런데 가끔씩이라도 서점에 들르다 보니 책에 관심이 생기게 되었습니다. 간혹 재미있어 보이는 책들을 발견하기도 했고요. 주로 베스트셀러 코너나 새로 나온 책 중에 골랐습니다. 처음에는 서점에서 조금씩 읽다가 한두 권씩 사서 보게 되었습니다. 책을 들고 집으로 돌아오는 날에는 스스로 성숙한 느낌도 들고 뿌듯하기도 했지요.

하지만 그런 마음으로 집에서 책을 펼치면 처음에는 열심히 읽다가도 뒤로 갈수록 책을 읽는 게 힘들었습니다. 솔직하게 말하자면 글씨는 읽고 있지만 그 내용의 깊이는 아직 이해를 못하고 있었죠. 그것을 알게 된 것은 시간이 좀 더 지나 책을 제대로 읽을 수 있을 때였습니다. 예전에 했던 독서가 반쪽짜리였다는 것을 깨달은 것입니다. 그때서야 알게 되었습니다. 아무리 좋은 책이어도 내가 이해할 수 있을 때 읽어야 한다는 사실을 말이지요.

웹툰의 가장 좋은 점은 쉽고 재미있다는 것입니다. 그림과 만화는 아주 오래전부터 사랑받아 온 매체이지요. 책이 좋은가, 웹툰이 좋은가의 문제가 아니라 지금 나에게 어떤 것이 더 잘 맞는지가 중요합니다. 영화 한 편으로 인생이 바뀌는 사람이 있고, 음악을 통해 깊은 위로를 받는 사람도 있습니다. 지금 나에게 가장 공감이 되고, 무언가를 느끼게 해줄 수 있는 매체가 어떤 것인지 찾는 게 중요합니다. 모든 작가는 글이냐 그림이냐 도구만 다를 뿐이지 독자에게 재미와 감동, 메시지를 주려고 하는 마음은 똑같기 때문입니다.

하지만 그만큼 중요한 것이 어느 하나의 매체만 고집하지 않는 것입니다. 지금 웹툰이 편하고 좋다고 해서 책이나 영화 같은 것들은 무조건 배척하는 것도 좋지 않습니다. 모든 매체는 각각의 고유한 장점을 가지고 있지요. 지금은 조금 읽기 힘든 책도 조금 시간이 지나면 정말로 재밌는 책이 될 수 있습니다. 시간이 흐르면서 우리의 지식과 감성도 조금씩 성장하기 때문에 같은 이야기도 완전히 다르게 느껴질 수 있지요.

결국 고등학교 때 샀던 책 중에 몇 권은 시간이 한참 지난 뒤에 재밌게 읽게 되었습니다. 책은 몇 년 동안 책장에 그대로 꽂혀 있었지만, 나는 그 몇 년 동안 조금 더 성장했던 것이겠지요. 그리고 지금은 웹툰과 책, 그리고 영화와 음악까지 나에게 모두 소중한 감동을 전해 줍니다. 감동을 받는 여러 루트를 마련하는 것이 삶을 더 풍요롭게 만드는 길이겠지요. 청소년 친구들도 여러 루트를 만들게 되길 바랍니다.

WEB
TOON

지금의 나도,
미래의 나도,
똑같이 중요해!

나에게는 지금도 중요해

지금 살찌는 건 전부 키로 가니까 많이 좀 먹어라.
대학 가면 예뻐지니까 지금은 공부에만 신경 써라.

시간이 지나면 정말로 키도 크고, 더 예뻐질 수 있을지도 몰라.
하지만 난 지금 이 순간 멋있고 예쁜 것도 중요해.

지금 행복한 사람이
나중에도 행복할 수 있어요

청소년 시기는 무언가를 준비하는 시간으로 가득 차 있습니다. 다가올 시험을 준비하고, 다음 학년을 준비하고, 좋은 학교를 가기 위해 준비합니다. 마치 저축을 하듯이 미래를 위해 지금의 시간을 쓰고 있는 것이지요. 그래서 청소년 친구들에게는 '행복'이라는 단어가 낯설지도 모릅니다. 없는 시간도 만들어서 내일을 준비해야 하는데 지금 이 순간의 행복은 사치처럼 느껴지겠지요.

물론 청소년 친구들도 지금 하고 싶은 게 있을 겁니다. 미래의 행복만큼 지금의 즐거움도 중요할 겁니다. 그럼에도 불구하고 미래를 준비하는 이유는, 그렇게 하지 않으면 미래가 불행해질 거라는 불안감 때문입니다. 마치 〈개미와 배짱이〉 이야기처럼 미리 곡식을 저장해 두지 않으면 겨울에 먹을 곡식이 없어질 거라 믿는 것과 비슷하지요.

하지만 행복이라는 것은 돈을 저축하듯이 차곡차곡 모아서 누리는 게 아닙니다. 행복은 하루 용돈처럼 매 순간 직접 느끼는 것입니다. 때론 10년 뒤에 모을 큰돈보다, 목이 마른 이 순간에 시원한 음료수를 사먹을 수 있는 작은 돈이 더 소중할 때가 있는 것처럼 말이지요. 결국 '행복=경험'이기에 직접 많이 느껴 보는 게 중요합니다.

물론 모든 행복을 '지금'에 투자할 수는 없습니다. 그렇다면 스스로 계획을 세워 보는 건 어떨까요? 마치 몇 년치 시간표를 만들듯이 스스로 기준을 세워서 행복 시간표를 만들어 보는 겁니다. 지금 포기하지 못할 행복은 '지금'에 두고, 급하지 않은 행복은 조금 '미래'에 두는 것입니다. 언제나 그 시간표대로 살아가는 건 어렵겠지만 행복을 무조건 현재에 두거나, 혹은 몽땅 미래에 두는 걸 막을 수는 있습니다. 적어도 우리의 생각 기준은 조금 바꿀 수 있는 것이지요.

지금 행복하지 않은 사람은 나중도 행복하기 어렵습니다. 지금 이 순간을 소중하게 생각하지 않는 사람은, 나중이 되어도 행복한 시간을 즐길 수 없고요. 분명 청소년 시기는 어른이 되기 위해 준비하는 시간이지만, 그것만을 위한 시간도 아닙니다. 십 대 때에만 경험하고 느낄 수 있는 것들이 있고, 이때는 인생에서 가장 찬란하고 빛나는 시기이기도 합니다. 언제나 그렇듯 '지금'과 '미래'의 균형이 가장 중요하겠지요. 그 조절은 본인만이 할 수 있습니다. 언제나 잊지 마세요. 나의 미래만큼이나 소중한 시간은 바로 '지금 이 순간'이라는 것을.

사고 싶은 건 많고, 용돈은 적고

용돈은 정해져 있고 늘 부족한데
사고 싶은 건 너무나 많아.

용돈이 많은 친구들을 보면 부럽기도 해.
언제쯤 나는 돈을 맘대로 쓸 수 있을까?

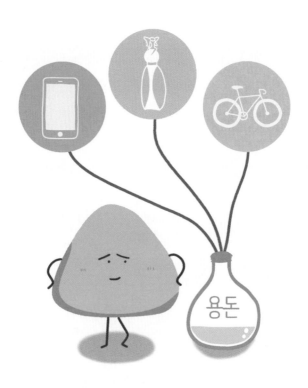

나는 물건이 갖고 싶은 걸까요,
아니면 이미지가 갖고 싶은 걸까요?

사고 싶은 건 많은데 용돈은 언제나 부족합니다. 지금 청소년 친구들뿐만 아니라 누구나 그 시기에는 겪는 일이지요. 그래서 많은 친구들이 어른이 되어 돈을 벌게 되면 달라질 거라 생각합니다. 하지만 꼭 그렇지만도 않습니다. 돈을 버는 만큼 쓸 데도 많아져서 언제나 갖고 싶은 걸 맘 편하게 사기는 힘듭니다. 용돈을 받을 때보다 그나마 조금 나아진 느낌이랄까요.

그래서 사람들이 돈을 더 많이 벌려고 하는 것이겠지요. 갖고 싶은 것들은 점점 늘어나고 그 값도 올라가니까요. 어쩌면 그 마음은 청소년일 때 시작된 것인지도 모르겠습니다. 어릴 때는 용돈도 정해져 있고 스스로 돈을 벌기도 쉽지 않은 시기이니 억지로라도 사고 싶은 마음을 포기할 때가 많습니다. 하지만 그러기 전에 '사는 것'에 대해 좀 더 생각해 볼 필요가 있습니다. 왜 우리는 물건을 사려고 하는 것일까요? 그 물건이 왜 갖고 싶은 걸까요?

요즘 '자전거'를 갖고 싶어 하는 친구들이 많습니다. 자전거를 소재로 한 《윈드브레이커》라는 웹툰이 큰 인기를 끌 정도로 요즘 자전거는 단순한 이동수단 이상의 의미를 갖습니다. 특히 일반적인 자전거보다 '픽시'나 '하이브리드 자전거'처럼 디자인과 기능이 특별한 자전거를 더 선호하지요. 많은 친구들이 멋있는 자전거를 타며 자유롭게 다니는 모습을 상상합니다.

사실 자전거는 아주 오래된 이동 수단입니다. 최근 들어 새롭게 만들어진 것도 아니지요. 그런데도 많은 청소년 친구들에게 인기를 끌고 있는 것은 자전거에 '새로운 의미'가 더해졌기 때문입니다. 단순한 이동 수단이 아니라 트렌드의 상징이자 나의 개성을 표현하는 도구가 된 것이지요. 거기에 자유롭게 어디든 갈 수 있다는 원래의 기능이 더해져 지금의 '자전거'가 된 것입니다.

그러니 자전거를 산다는 건 '멋있고 자유롭게 다니는 것'을 사는 겁니다. 우리가 사는 것이 그 물건 자체가 아니고 그 물건이 가지고 있는 '의미'라는 것을 알 수 있지요. 많은 친구들이 사고 싶어 하는 최신형 스마트폰이나 옷, 화장품, 향수, 신발도 비슷합니다. 이제는 단순히 그 물건이 필요해서 사는 것보다 그 물건에 담긴 '이미지' 때문에 사는 경우가 더 많습니다.

이제는 무언가 사고 싶은 물건이 생겼을 때, 잠시 생각해 볼 필요가 있습니다. 내가 이 '물건'이 필요한 건지, 아니면 그 물건이 갖고 있는 '이미지'가 필요한 건지 말이지요. 만약 이미지가 필요한 것이라면 굳이 물건을 사지 않거나, 더 저렴한 다른 물건을 사는 걸로 해결할 수도 있습니다. 무조건 사고 싶은 마음을 애써 누르지 않고도 원하는 것을 얻을 수 있다는 얘기이지요. 그러기 위해선 내가 정말로 원하는 것이 물건인지 이미지인지를 꼭 구별할 수 있어야 합니다. 사고 싶은 게 많다는 게 나쁜 건 아닙니다. 하지만 내가 왜 사고 싶은지를 모르고 사는 건 조금 위험할 수 있습니다. 아직은 조금 아리송한 이야기일 수도 있지만, 내가 갖고 싶은 물건을 두고 한 번쯤 깊게 생각해 보길 바랍니다.

하늘을 나는 방법은
여러가지야!

왜 꿈을 물어보면
직업을 대답할까?

어렸을 때 누군가 나에게 꿈을 물어보면
하늘을 날고 싶다고 말했어.
근데 지금은 '비행기 조종사'라고 말해.

하늘을 날고 싶다는 꿈이 바뀐 적은 없지만
이제는 왠지 '직업'을 말해야 할 거 같단 말이지.
그냥 하늘을 날고 싶다고 말하면
너무 어려 보이니까.

직업 말고,
하고 싶은 일은 무엇인가요?

꿈을 가지게 되는 계기는 저마다 다릅니다. 어렸을 적 방송국 PD를
꿈꿨던 것도 아주 우연한 기회였지요. 초등학교 5학년 때 방송반 활
동을 하면서 방송일에 대한 꿈을 키웠습니다. 솔직히 방송국 PD가
정확히 무슨 일을 하는지 모르면서도 막연하게 방송일이 좋았습니
다. 누군가 왜 좋으냐고 물어볼 때면 '바쁘게 뛰어다니고 무언가 만
드는 게 좋다'라고 대답하곤 했지요.

그 후 청소년 시기의 대부분 동안 방송국 PD를 꿈꾸며 지냈습니다.
하지만 어른이 되어서 들어간 곳은 방송국이 아니었습니다. 처음에
는 광고 만드는 일을 했고, 그 후에는 책을 쓰고 강의를 하게 되었
습니다. 누군가 이 이야기를 들으면 꿈을 이루지 못했다고 생각할
지도 모르겠습니다. 하지만 당사자인 나는 그렇게 생각해 본 적이
없었습니다. 이제와 생각해 보면 내가 정말로 꿈꾸던 것은 '방송국
PD'라는 직업이 아니라 '바쁘게 뛰어다니며 무언가를 만드는' 일이

었던 것입니다. 광고를 만들거나 책을 쓰고, 강의를 하는 일에서도 그 꿈을 충분히 이룰 수 있었던 것이었지요.

청소년 친구들을 비롯해서 대부분의 사람들이 언제부터인가 '꿈'과 '직업'을 같은 말로 이해하기 시작했습니다. 그 둘은 얼핏 보기에는 비슷해 보이지만 사실 전혀 다른 결과를 가져올 수도 있습니다. 하늘을 나는 방법은 비행기 조종사 말고도 스키점프 선수도 있고, 사람들에게 즐거움을 주는 사람은 개그맨뿐 아니라 재밌는 선생님도 있습니다. 결국 나의 꿈을 제대로 알기 위해서는 직업보다는 내가 '어떤 일'을 하고 싶은지를 먼저 생각해야 합니다.

더욱이 직업이란 것은 시대에 따라 변하기 마련입니다. 청소년일 때 꿈꿨던 직업이 내가 어른이 되어서 없어지거나 다른 모습으로 바뀌어 있을 수도 있지요. 여러분들이 좋아하는 '웹툰'의 유명 작가들을 예로 들어볼까요. 지금의 웹툰 인기를 이끈 1세대 작가들은 학창 시절에 웹툰을 본 적이 없습니다. 그때는 종이 만화책만 있던 시절이었으니까요. 어렸을 때부터 그림과 만화를 좋아하던 그들이 어른이 되어 만화 그리는 일을 하게 되었을 때, 인터넷과 스마트폰의 발달로 '웹툰'이라는 새로운 형식의 만화가 생기게 된 것입니다. 종이 만화책을 보던 학창 시절에 그것을 미리 예견한 사람이 몇

이나 있었을까요? 앞으로도 세상은 빠른 속도로 바뀔 것이고, 지금 우리가 전혀 생각지 못한 매체와 직업도 많이 생기게 될 것입니다.

자신의 꿈을 준비하는 청소년 시기부터 너무 특정 직업을 목표로 두지 않길 바랍니다. 우리의 꿈은 한두 개의 직업으로 설명되기 어려울 정도로 크고 무한한 힘이 있습니다. 또 여러분들이 주인공으로 살게 될 세상은 지금과는 완전히 다른 세상일 것입니다. 이제부터 누군가 여러분에게 꿈을 물어보면, 직업이 아닌 '하고 싶은 일'을 대답해 주세요!

외모지상주의

난 얼굴도 못생기고 뚱뚱한 거 같아.
지금보다 얼굴도 더 갸름하고, 날씬했으면 좋겠어.

외모가 전부는 아니라고 하지만
사실 예쁘고 잘생긴 친구들을 보면 더 행복해 보여.

외모는 시험이
아닙니다

자신의 외모에 완전히 만족하는 사람이 있을까요? 겉으로 보기에는 완벽해 보이는 사람도 조금씩 불만은 있기 마련입니다. 지금보다 좀 더 예쁘고 멋있으면 좋겠다는 마음은 끝이 없는 것이니까요. 외모에 대한 스트레스는 청소년 친구들에게도 큰 고민입니다. 친구들 사이에서도 외모 평가가 자연스럽고, TV에서는 늘 예쁘고 멋있는 사람들이 가득하니까요. 스스로 거울을 보면서 행복해지기도 하고, 우울해지기도 합니다.

하지만 외모라는 건 시험과 달라서 점수가 있을 수 없습니다. 0점도, 100점도 없는 것이지요. 외모에는 절대적인 기준이 없기 때문입니다. 이 말에 갸우뚱하는 친구들도 있을 수 있겠지만, 사실 시대마다 '미의 기준'은 항상 바뀌어 왔습니다. 밖에서 일하는 시간이 길고 먹을 것이 풍족하지 못했던 옛날에는 포동포동하게 살집이 있는 사람이 인기가 많았습니다. 지금의 우리에게는 생소한 얘기이지요. 기술이 발전해 움직일 일이 줄어들고 먹을 것이 풍족해진 지금에 와서는 날씬한 사람이 인기를 얻고 있습니다. 유행하는 패션 스타일이나 화장법도 1년 주기로 항상 바뀐다는 걸 생각해 봐도 좋습니다.

결국 절대적인 미의 기준은 없습니다. 지금 우리가 선망하는 외모의 기준은 뜬구름 같을 수도 있습니다. 시간이 지나면 구름이 바뀌듯이 미의 기준도 또 바뀔 테니까요. 언제나 구름만 쫓아가다 보면 결국 나 자신을 잃을 수도 있습니다. 예뻐지고 멋있어지는 방법은 우리의 외모를 변화시키는 것보다 우리가 자신을 어떻게 바라보냐에 달려 있습니다. 외모에 스트레스를 받는 친구들에게 들려줄 이야기가 하나 있습니다.

미국의 배우 클로이 모레츠는 한 인터뷰에서 자신의 외모에 대해 이렇게 말한 적이 있습니다. 아역배우 출신인 그녀는 어렸을 때부터 외모 스트레스가 심했다고 합니다. 잡지에 나오는 모델들에 비해 자신은 늘 부족하다고 느꼈지요. 그런 이유로 잡지를 일부러 보지 않으려고도 했답니다. 하지만 그녀는 '나'를 지키는 방법으로 그런 스트레스에서 벗어났습니다. 불완전하다고 느껴지는 나의 외모를 모두 바꾼다면 도대체 나는 누구인가라고 생각한 것이지요. 그

건 마치 다른 사람의 '복제'와 다를 게 없다는 것입니다. 그리고 그녀는 자기 자신에 대해 이렇게 정리합니다.

"그런 불완전함이 나를 만든다."

직업상 외모에 민감할 수밖에 없는 배우가 이런 얘기를 했다는 게 놀랍지요? 하지만 클로이 모레츠는 그 누구를 위해서가 아니라 자기 자신의 행복을 위해서 저렇게 말했을 겁니다. 내가 나의 불완전함을 인정하지 않는 한 우리는 영원히 행복할 수 없을 테니까요. 외모 때문에 스트레스를 받는 친구들에게도 클로이 모레츠의 말은 힌트가 될 수 있습니다. 오늘부터 '불완전하다'는 말을 '나답다'는 말로 바꿔서 생각해 보는 건 어떨까요? 외모 스트레스에서 벗어나 나만의 행복을 찾는 실마리가 될 수 있을지도 모릅니다.

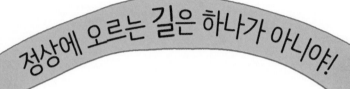

정상에 오르는 길은 하나가 아니야!

공부를 못해도 행복할 수 있을까?

솔직히 공부는 정말 힘들어.
하루 종일 학교와 학원에 있다 보면 너무 피곤하고 지쳐.
그래도 참고 하는 이유는 다른 방법이 없어서야.
좋은 대학에 가지 않으면 행복하게 살 수 없을 거 같으니까.

좋은 대학에 가면
진짜 행복할까요?

'좋은 대학에 가면 진짜 행복할까?'

학교에 가서 특강을 할 때마다 청소년 친구들에게 꼭 물어보는 질문이지요. 이 글을 읽는 친구들 중에도 저 질문을 스스로 해본 사람이 있을지 모르겠습니다. 저 질문을 들은 친구들은 대부분 갸우뚱한 반응을 보입니다. 당연한 걸 왜 물어볼까 하는 얼굴이지요. 하지만 잠시 시간이 지나면 담담하게 자신의 생각을 말합니다. 하루 종일 학교와 학원에 있느라 생각할 여유가 없었을 뿐이지, 청소년 친구들도 충분히 스스로 판단할 수 있는 나이가 된 것입니다.

실제로 많은 친구들이 인생에서 공부만이 중요한 것은 아니라고 생각합니다. 그리고 매일매일 학교와 학원에서 공부만 해야 하는 현실에 힘들어하고 있지요. 하지만 그럼에도 불구하고 공부를 놓지 않는 건 현실적으로 공부 말고는 꿈과 행복을 이룰 수 있는 방법이 없다고 생각하기 때문입니다. 물론 공부를 잘하고 좋은 대학에 가면 꿈과 행복에 가까워지는 건 사실입니다. 하지만 그렇다고 해서 공부 말고 꿈과 행복을 이룰 수 있는 다른 '길'은 아예 없는 것일까요?

우리나라 산 중에 제일 높은 산은 한라산이지요. 한라산의 산꼭대기에 오르면 책에서만 봤었던 '백록담'을 실제로 볼 수 있습니다. 정상에서 백록담을 바라보고 있노라면 잠시 딴 세상에 온 듯합니다. 한라산을 오르는 길은 몇 개나 있을까요? 등산을 안 해봤다면 '당연히 산을 올라가는 길이 하나 아니야?' 하겠지만 산을 오르는 등산로는 여러 개입니다. 한라산에도 7개의 등산로가 있지요. 그중에서 백록담까지 갈 수 있는 등산로는 2개이고요. 등산로 코스마다 거리, 소요 시간은 물론 등반 난이도도 다르지요. 볼 수 있는 풍경들도 조금씩 다르고요. 한라산을 찾은 등산객은 자신에게 잘 맞는 코스를 골라서 오르면 됩니다. 결국 산꼭대기에서 다시 만날 수 있으니까요.

우리의 삶도 이와 비슷합니다. 한라산의 꼭대기를 꿈과 행복으로 비유하면 그곳까지 오르는 길은 하나가 아니라는 것입니다. 다만 눈에 잘 보이는 길과 잘 보이지 않는 길이 있을 뿐입니다. 공부나 좋은 대학은 잘 보이는 길이고, 그 외 다른 방법은 잘 보이지 않는 길인 것이지요. 제일 중요한 것은 내가 지금 걷고 있는 길이 나와 잘 맞느냐는 것입니다. 나에게 맞는 등산로를 고르듯 꿈과 행복에 가까워지는 나만의 방법을 찾아야 합니다.

공부에 자신 있는 사람은 '공부 등산로'를 선택하고, 말하는 것에 자신 있는 사람은 '말 등산로'를 선택하겠지요. 아직 뭘 선택해야 할지 잘 모르는 사람도 있을 겁니다. 그래도 걱정할 건 없습니다. 등산은 이제 막 시작됐으니까요. 여기가 어떤 등산로인지도 모르고 허겁지겁 산을 오르는 것보단, 조금 늦더라도 나에게 잘 맞는 등산로를 찾는 게 더 중요합니다. 청소년 시기는 나만의 길을 찾는 시기이기도 하니까요. 그러다 보면 산꼭대기에 조금 일찍 오르는 친구도 있고, 조금 늦게 도착하는 친구들도 있을 겁니다. 하지만 '나의 등산로'를 찾은 사람은 반드시 산꼭대기에서 다시 만날 수 있습니다.

여행을 떠나고 싶어

학교, 학원, 집
쳇바퀴처럼 굴러가는 똑같은 하루

가끔은 혼자서 여행을 떠나고 싶어.
맛집 여행도 가고 싶고,
쉽진 않겠지만 외국으로 배낭여행도 가고 싶어.

생각만 해도 마음이 설레지만
내 십 대가 끝나기 전에 여행을 갈 수 있을까?

가볍게 여행을 시작하는
방법에 대하여

우리의 일상은 매일매일 비슷합니다. 익숙한 길을 따라 늘 가던 곳을 가지요. 청소년 친구들은 매일 반복되는 등굣길과 하굣길이 그럴 겁니다. 그러다 보면 어느 날 가슴이 답답해지는 날이 있지요. 특히 날씨가 좋은 날은 어디론가 훌쩍 떠나고 싶기도 합니다. 혹은 TV나 인터넷에서 다른 사람들의 여행기를 보며 언젠가 그곳에 가 있을 나를 상상하기도 하지요. 실제로 통계청 조사에서 우리나라 청소년 친구들이 가장 하고 싶은 여가 활동 1위가 '여행'이었다고 합니다. 하지만 실제로 여행을 갈 수 있는 친구는 극히 일부분이겠지요. 입시와 공부에 매어 있는 우리나라 청소년 친구들에게 여행은 조금 먼 이야기이니까요.

다들 여행은 좋은 거라고 합니다. 하지만 직접 해보기 전까지는 왜 좋은지 제대로 알 수 없지요. 왜 여행이 좋은 걸까요? 여러 가지 이유가 있겠지만 그중에서도 제일 좋은 건 '낯선 것'을 볼 수 있다는 겁니다. 늘 익숙한 것만 보던 우리의 눈은 낯선 곳에 가면 활짝 떠집니다. 그렇게 낯선 것을 볼 때 우리는 많은 것을 얻고 배울 수 있지요. 여행은 그것을 할 수 있는 가장 좋은 방법이고요.

등굣길에서 길거리 풍경을 유심히 본 적 있나요? 그 길을 처음 걷던 날 빼고는 그렇게 해본 적이 많지 않을 겁니다. 혹은 학원 가는 길에서 사람들의 표정을 자세히 본 적 있나요? 학원 시간을 맞추느라 주변을 돌아볼 여유는 없었겠지요. 사실 우리는 평소에 눈을 반쯤 감고 다닌다고 해도 과언이 아닙니다. 이미 우리에게 익숙하고 알고 있는 길이기 때문입니다. 익숙한 것은 몸과 마음이 편하지만 우리의 눈을 잠시 멀게 합니다. 그런 일상 속에서 우리가 배울 수 있는 것은 한계가 있습니다.

반면 여행을 하며 낯선 곳에 가면 우리의 눈이 풀가동되기 시작합니다. 온통 처음 가는 길, 처음 보는 사람뿐이니까요. 머리는 새로운 것을 받아들이느라 정신이 없고 그 사이 우리의 정서는 쉴 새 없이 변하게 됩니다. 내가 알고 있던 세상 말고도 또 다른 곳이 있다는 걸 깨닫게 되고, 그 안에서 나의 모습을 발견하게 됩니다. 이런 일들이 일어나지 않는다고 해도 여행은 충분히 의미가 있습니다. 여행은 그 자체로 우리의 마음을 가볍게 해주고, 기분 전환을 시켜주니까요.

여행을 간다고 하면 흔히 차를 타고 먼 곳을 가거나 비행기를 타고 외국에 가는 것을 떠올립니다. 하지만 여행의 핵심은 '낯선 곳'을 가는 것입니다. 평소에 안 가본 곳, 내가 익숙하지 않은 곳에 가는 것만으로도 충분히 여행이 됩니다. 꼭 숙박을 해야 하는 것도 아닙니다. 당일 여행으로도 충분히 다녀올 수 있지요. 제일 중요한 것은 그 모든 과정을 내가 직접 계획하고 해봐야 한다는 것입니다. 우리의 눈이 활짝 떠지고 우리의 마음이 쉴 새 없이 움직인다면 어떤 곳을 가던 '좋은 여행'이 될 수 있습니다. 십 대에 떠나는 여행은 시간이 지나면 다시 할 수 없습니다. 여행하고 싶은 마음이 생겼다면 이번 주말에 가볍게 낯선 곳을 다녀오는 건 어떨까요?

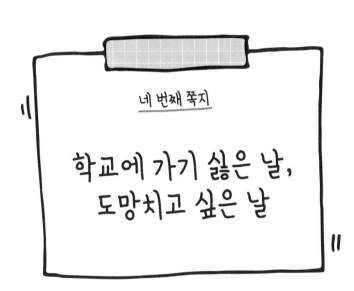

네 번째 쪽지

학교에 가기 싫은 날, 도망치고 싶은 날

내 시간은
이것밖에 없구나

학원

내 시간이 없는 하루

모든 일과가 끝나고 숙제까지 하다 보면 어느새 밤 12시야.
하고 싶은 건 많지만 일찍 일어나려면 빨리 자야 해.
정해진 시간표대로 움직여야 하는 건 정말 스트레스야.
친구들 만날 시간은커녕 잠 잘 시간도 부족해.
단 하루라도 편하게 내 시간을 갖고 싶어.

내 시간의 주인이 되는
방법을 알아볼까요?

우리나라 청소년 친구들은 바쁩니다. 아침 일찍 학교에 등교해서 종일 수업을 받고, 방과 후에는 학원을 가서 늦은 밤이 되어서야 집에 돌아오지요. 돌아와서는 숙제를 하거나 낮 동안 못 했던 일들을 하다 보면 어느새 잘 시간이 됩니다. 하루 24시간 중에 자는 시간을 빼고는 모두 학교와 학원 등 공부를 하는 시간으로 채워져 있습니다. 중고등학생들은 물론이고 초등학생 친구들도 이렇게 바쁜 일과를 보내고 있지요. 그나마 주말은 학교를 안 가지만 그마저도 특별활동이나 학원 일정이 잡힌 경우들도 많습니다. 상황이 이렇다 보니 취미활동을 하거나 친구들을 만나는 것도 어렵고 편안하게 휴식을 취하기도 쉽지 않지요.

이렇게 꽉 짜인 일과 때문에 스트레스 받는 친구들이 많습니다. 그 친구들의 이야기를 들어 보면 공통적으로 '내 시간이 없다'고 얘기합니다. 단순히 빡빡한 일정 때문에 힘들어하는 것이 아니라, 스스로 계획해서 쓰는 시간이 없다는 거지요. 쉽게 말해 내 시간의 주인이 내가 아니라는 말입니다. 시간의 주인이 된다는 것은 아주 중요합니다. 같은 일을 하더라도 스스로 선택을 해서 하는 일과 다른 사람이 시켜서 하는 일은 효율이나 만족도가 완전히 다르지요. 똑같이 바쁜 하루를 보낸 사람이라도 스스로 선택해서 했다면 몸이 힘들지언정 스트레스를 받지는 않을 겁니다.

바쁜 일과 때문에 스트레스를 받는 친구가 있다면, 자신의 하루를 돌이켜보세요. 그리고 내 의지로 보낸 시간이 많은지, 타의로 보낸 시간이 많은지를 살펴보는 겁니다. 대부분은 타의에 의해 보낸 시간이 많다는 걸 알게 될 겁니다. 그럼 그것을 해결하는 방법은 간단하겠지요. 내 의지로 보내는 시간을 늘리면 될 겁니다. 하지만 스스로 모든 시간을 통제하는 것도 생각보다 쉽지 않은 일이지요. 용돈을 떠올려 보면 간단합니다. 마음속으로는 용돈이 더 많았으면 하는 생각이 많지만, 막상 큰돈이 생기면 어떻게 써야 할지 막막합니다. 그러다 엉뚱한 곳에 쓰기도 하지요. 아직 큰돈을 써본 경험이 많지 않기 때문입니다.

시간도 용돈과 비슷합니다. 일단 정해진 범위 안에서 스스로 계획해서 써보는 경험이 중요합니다. 일종의 '연습'을 해보는 것이지요.

그렇게 연습을 해야 어른이 되었을 때 시간을 잘 쓸 수 있습니다. 늘 짜인 시간표 속에서만 살다가 갑자기 모든 시간을 스스로 통제하게 되었을 때 당황하는 사람들이 생각보다 많지요. 처음에는 작은 범위 안에서 연습하며 조금씩 그 시간을 늘려 가는 게 좋습니다.

사실 청소년 친구들의 시간은 부모님이 관리해 주시는 경우가 많습니다. 스스로의 의지가 있다고 해도 부모님의 허락 없이는 스스로의 시간을 갖기가 어렵지요. 그렇다고 부모님과 갈등을 키워서 내 시간을 갖는 것도 좋은 방법은 아닙니다. 그때는 부모님께 내 시간을 쓰는 '연습'을 해보고 싶다고 말씀드려 보는 건 어떨까요? 하루 중 몇 시간, 일주일에 하루 이틀 정도를 스스로 시간을 계획해서 쓰는 날로 정하는 겁니다. 아까 말한, 정해진 용돈을 받아 내 의지로 쓰는 것과 비슷하지요. 시간이 흘러 언젠가는 모든 시간과 일을 스스로의 의지로 결정하게 됩니다. '나의 시간'을 쓰는 연습은 공부만큼이나 중요한 일입니다. 바쁜 하루 일과로 스트레스를 받는 친구일수록 이 연습은 더 필요합니다. 늦지 않았습니다. 오늘부터라도 내 시간의 주인이 되는 연습을 시작해 보세요!

학년이 올라가도 난 그대로인데

난 수학시간이 두려워.
2학년이 되면 1학년 때 배운 걸 다 알고 있어야 하고,
3학년이 되면 1학년, 2학년 때 배운 걸 전부 알고 있어야 해.

수학이 싫은 게 아니라
따라가는 게 벅찰 때가 많은 거야.
난 이해하는 속도도, 문제를 푸는 속도도 빠르지 않아서
늘 시간에 쫓기는데 어떡해야 할까?
가끔은 애니메이션의 장면처럼
시간을 거꾸로 달려서
다시 예전으로 돌아가고 싶어.

시간을 달릴 수 있다면!

학교의 속도와 나의 속도가
맞지 않을 때

잊을 만하면 어느새 다가와 있는 시험 기간. 늦은 밤까지 졸린 눈을
비벼 가며 내일 볼 시험공부를 하고 있으면 머릿속에는 별의별 생
각이 다 들곤 합니다. 아무것도 모른 채 잠들어 있는 어린 동생을
보면 '나도 다시 저 시절로 돌아가고 싶다'는 생각을 하기도 하지요.
다들 비슷한 마음으로, 초등학교 고학년이 된 친구들은 저학년 동
생들을 부러워하고, 중학생 친구들은 초등학생 동생들을 부러워합
니다.

학년이 올라갈수록 키도 크고 할 수 있는 것도 많아지지만, 그와 동
시에 해야 할 것들도 많아집니다. 역할도 많아지고, 학교에서 배워
야 할 것들도 늘어나지요. 동생들이 부러워지는 이유이기도 합니
다. 사실 학년이 올라갈수록 공부가 어려워지는 것은 단순히 교과
서와 수업 시간이 늘어난 것 때문만은 아닙니다. 공부의 영역이 점
점 넓고 깊어지기 때문입니다. 더욱이 저학년 때 배웠던 것을 기초

로 하여 더 확장하면서 배우는 것이기에 한번 흐름을 놓치게 되면 더욱 어려워지는 것이지요.

많은 친구들이 이때부터 좌절을 하기 시작합니다. 학년은 똑같은 속도로 올라가고 진도도 거침없이 나아가는데 나는 그 속도를 맞추지 못하기 때문이지요. 공부를 잘하고 싶다는 의지가 있어도 힘이 풀려 좌절하고 자책합니다. 하지만 이런 순간에 꼭 잊지 말아야 할 게 있습니다. 원래 모든 사람은 저마다의 속도가 있다는 사실입니다. 같은 반에서 100미터 달리기 시합을 해도 기록이 똑같은 친구는 단 한 명도 없지요. 모두 타고난 모습과 재능이 다르기 때문입니다. 공부도 마찬가지입니다. 학교에서는 많은 학생들을 가르쳐야 하기 때문에 정해 놓은 순서와 속도가 있습니다. 하지만 사람에 따라서는 그 속도가 너무 빠를 수도 있고, 느리게 느껴질 수도 있습니다.

학교의 속도와 나의 속도가 맞지 않을 때, 특히 내가 학교의 속도를 따라가는 게 어렵다고 느껴질 때 너무 자책하지 말았으면 좋겠습니다. 지금의 속도가 평생의 속도가 되는 것은 아니기 때문입니다. 조금 느리지만 끝까지 가는 사람도 있고, 빠른 듯해도 결국 늦게 도착하는 사람도 있기 마련이지요. 포기하지 않겠다는 의지만 있다면

요. 지금 눈앞의 상황에 일희일비하지 말고 조금은 장기적인 시각을 갖는 것도 방법입니다. 조금은 느리더라도 '나의 속도'로 나아가는 것이 결국은 가장 빠른 길이란 걸 잊지 마세요.

시험 보는 날이 되면

시험이 다가오면 꼭 게임 속 보스 몬스터를 만나는 것 같아.
시험을 잘 보면 다행이지만 못 보면 내 평가가 달라질 테니까.
게임 레벨이 올라가거나 떨어지는 것처럼 말이야.

중간고사를 보고 나면 기말고사가 코앞이고,
앞으로도 봐야 할 시험이 정말 많아.
언제까지 이렇게 힘든 시험을 봐야 할까?

이제 왔어?

시험

…

시험을 바라보는
우리의 자세

시험을 준비하는 사람에게는 두 종류의 날짜밖에 없다고 하지요. 바로 '시험을 보는 날'과 '시험을 준비하는 날'입니다. 농담같이 들리지만 수험생에게는 웃을 수만은 없는 이야기입니다. 예전에는 사법고시나 공무원 시험처럼 장기간 수험 생활을 하는 사람들에게만 해당되는 이야기였지만 이제는 청소년 친구들에게도 낯설지 않은 이야기가 됐지요.

청소년 친구들은 정말 많은 '시험'을 마주합니다. 작게는 쪽지시험부터 중간고사, 기말고사는 물론 모의고사, 수능 시험에 이르기까지 각종 시험으로 가득 차 있는 1년을 보내지요. 시험이 끝났다고 해서 모든 게 끝난 건 아닙니다. 시험 성적으로 우리는 또다시 평가를 받게 되지요. 1등이 있다면 누군가는 꼴등을 했다는 것일 테니까요. 마치 이름표처럼 자신의 성적표를 받아들여야 합니다.

많은 청소년 친구들이 시험 스트레스를 받는 이유이지요. 스트레스는 마음의 부담이 되고, 부담은 곧 압박감으로 다가옵니다. '시험을 잘 봐야 한다'는 생각이 머릿속에서 떠나지 않습니다. 특히 수능 시험처럼 중요한 시험일수록 그 압박감은 더 심해집니다. 매년 수능 시험이 끝나면 성적 때문에 스스로 안타까운 선택을 하는 친구들이 생길 정도로 그 스트레스는 엄청납니다.

우리가 살면서 시험을 아예 보지 않을 수는 없을 겁니다. 그리고 시험이 가진 장점도 분명히 있습니다. 시험은 공부를 좀 더 효과적으로 할 수 있도록 도와주고, 스스로 자신의 실력을 체크해 볼 수 있는 좋은 방법입니다. 하지만 한계점도 분명 있지요. 시험 결과가 나의 모든 것을 말해 줄 수는 없다는 것입니다. 공부를 열심히 해도 시험은 못 볼 수 있는 거니까요. 또한 한 번의 시험으로 그동안 모든 공부 과정을 평가받는다는 압박감이 우리를 집어삼킬 수도 있습니다.

우리가 시험을 피할 수 없다면 시험을 '어떻게 바라볼지'를 바꿔야 할 겁니다. 일단 시험은 우리를 평가하는 절대적인 기준이 아닙니다. 시험 하나로 나의 모든 것이 바뀌지는 않는다는 것이지요. 마라톤 경기를 비유하면 골인 지점에 도착하기 전 체크되는 '중간 순위'

와도 비슷합니다. 계속 좋은 기록이 나오면 좋겠지만, 그렇지 않았다고 해도 아직 끝난 게 아니라는 것입니다. 골인 지점까지 가려면 한참 남았으니까요. 하지만 매일매일이 시험의 연속인 청소년 친구들이 이런 생각을 스스로 하기는 쉽지 않습니다. 이 시험이 나의 모든 것을 말해 주고 앞으로의 인생을 정해 버릴 거 같으니까요. 그럴 때마다 시험은 그저 '중간 체크'라는 것을 떠올리세요. 설령 '이제 정말 골인 지점인 것 같다'는 생각이 들지라도 그것 역시 중간 순위일 뿐입니다. 인생이라는 긴 마라톤에서 여러분은 지금 초반 코스일 뿐인데다가 골인 너머에도 다른 길이 이어지니까요.

숫자는 논리적이고 정확합니다. 하지만 사람을 숫자로 정확하게 표현할 수 없습니다. 애초에 사람은 숫자와는 정반대의 모습을 가지고 있으니까요. 우리 모두는 좋은 모습과 나쁜 모습을 함께 갖고 있지요. 잘하면서 못하기도 합니다. 어제의 생각과 오늘의 생각이 달라지기도 합니다. 사람은 매일매일 쉬지 않고 변화하고 성장하는 존재이기 때문입니다. 하지만 시험은 '편의상' 사람을 잠시 숫자로 표현합니다. 1등, 2등, 3등처럼 말이지요. 시험 때문에 힘들수록 사람은 숫자 하나로 표현될 수 없다는 사실을 잊지 마세요.

공부를 하고 싶은 에너지

이것도
몰라?

니가
그렇지 뭐

공부가 하기 싫은 이유

처음부터 공부가 싫었던 건 아니야.
근데 맘처럼 쉽지가 않아.
솔직히 난 응원을 받고 싶었어.
공부를 잘하는 데 시간이 걸릴 수도 있잖아.

"어떻게 이런 것도 모르냐?"
"동생보다 공부 못하는 거 창피하지도 않아?"
이런 말을 들을 때마다 공부가 더 하기 싫어져.

비교와 편견 때문에
공부가 더 힘들어진다면

다큐멘터리 프로그램에서 공부 때문에 부모님과 갈등을 학생을 본 적이 있습니다. 초등학교 때는 공부를 열심히 했다는 그 친구는 어떤 이유에서인지 중고등학교에 와서부터는 공부에서 아예 손을 놓고 있었지요. 그런 모습을 이해할 수 없는 부모님과 매일 공부 문제로 갈등을 겪고 있었습니다. 어머니가 그 친구를 타일러 보고 화도 냈지만 정작 그 학생은 꿈쩍을 하지 않았지요. 잠시 학생이 혼자 있게 된 틈을 타 방송작가가 학생에게 왜 공부가 하기 싫으냐고 묻자, 학생은 오래전 이야기를 꺼냈습니다. 아주 어렸을 적에 어머니가 공부를 잘 따라가지 못하는 자신을 보고 '학습장애'가 있다고 한 말을 듣고부터 공부가 하기 싫어졌다는 것이었지요. 어머니는 별 생각 없이 한 말이었지만 그 학생에게는 공부하고 싶은 마음을 사라지게 하는 상처를 준 말이었던 것입니다.

실제 청소년 친구들에게 왜 공부가 하기 싫은지를 물어보면 이와 비슷한 대답이 많이 나옵니다. 부모님이 다른 형제와 성적으로 비교하는 게 싫어서 공부도 하기 싫어졌다는 이야기도 있었고, 학교에서 성적으로만 학생들을 차별 대우하는 게 싫어서 공부를 놓아버렸다는 이야기도 있었지요. 물론 부모님이나 선생님들이 나쁜 의도였던 것은 아닐 겁니다. 하지만 중요한 건 많은 친구들이 그런 비교와 편견으로 상처를 받는다는 것이지요.

사람이 살아가다 보면 의도치 않게 '상처'를 받는 경우가 많습니다. 친한 친구들끼리도 장난으로 한 비교와 편견의 말에 큰 상처를 받기도 합니다. 애초에 그런 상처를 피할 수 있다면 좋겠지만, 그건 우리가 정할 수 있는 게 아닙니다. 상처라는 건 처음부터 다른 사람에 의해 생기는 거니까요. 우리가 할 수 있는 건 '상처'를 어떻게 치료하고 극복할까를 고민하는 일입니다. 다른 사람에게 받은 상처는 어떻게 해야 할까요?

마음의 상처는 우리 몸에 난 상처와 비슷한 점이 많습니다. 첫 번째는 아주 일부분만 다쳤다는 것이고, 두 번째는 시간이 지나면 아물게 되어 있다는 것입니다. 어렸을 때 한 번쯤 실수로 넘어져서 무릎에 상처가 난 적이 있었을 겁니다. 아프고 쓰려서 울기도 하고 다아물 때까지 며칠 고생을 했었을 겁니다. 하지만 다리에 난 작은 상처 때문에 우리의 온몸에 문제가 생기지는 않습니다. 그건 어디까지나 작은 상처일 뿐이니까요. 마음의 상처도 마찬가지입니다. 누군가 나에게 무심코 던진 말이 나의 모든 모습을 말하는 건 아닙니다. 타인에 의해 내 마음 일부에 상처가 났다면, 그 상처를 자꾸 곱씹어 더 헤집기보다는 그 일부를 잘 치료하는 자세가 필요한 것이지요.

다른 사람은 나의 모든 모습을 알지 못합니다. 아무리 똑똑한 사람도 내 머릿속 생각과 방식을 다 알지는 못합니다. 나에 대한 좋은 말이든 나쁜 말이든 다른 사람의 비교와 편견에 진짜 내가 달라지는 게 아니지요. 비교와 편견에서 나를 분리해서 바라보는 게 필요합니다. 공부를 처음부터 잘할 수도 있고, 뒤늦게 잘할 수도 있습니다. 어쩌면 나에겐 학교 공부 말고 다른 재능들이 있을지도 모르지요. 그 모든 것을 찾아내고 인정해 줄 사람은 나 자신밖에 없습니다. 타인이 보는 편견과 비교에서 진짜 나를 찾아 인정해 줄 사람은 나뿐인 거지요. 그러니 다른 사람의 말에 휘둘려 내가 가지고 있던 공부의 흥미를 놓치는 일은 없었으면 합니다. 모든 청소년 친구들이 상처가 생길수록 나 자신을 더 아끼는 사람이 되었으면 좋겠습니다.

시도 때도 없이 나오는 욕
이제는 끊어버리고 싶어!

욕을 그만둘 수 없어

언제부턴가 욕 없이는 말을 할 수 없어.
욕하는 친구들 사이에서 욕을 하지 않으면
왠지 나만 끼지 못하는 거 같고,
욕을 섞어서 말하지 않으면
내 생각이나 감정을 다 표현하지 못하는 거 같아.

진짜 욕과 습관적인 욕을
구별해 보세요

태어나 욕을 한 번도 안 해본 사람이 있을까요?

욕의 정도는 조금씩 다르겠지만 단 한 번도 안 해본 사람은 없을 겁니다. 청소년 친구들도 예외는 아니라고 하지요. 국립국어원의 조사에 따르면 초등학생의 97%, 중고등학생의 99%가 일상생활에서 욕설을 한다고 합니다. 거의 모든 청소년 친구들이 실생활에서 욕을 하고 있다는 것이지요. 많은 사람들이 이러한 상황을 심각하게 생각하고 대책이 필요하다고 말합니다.

분명 욕은 좋지 않습니다. 특히 욕의 어원을 알게 되면 쉽사리 입에 담기 힘듭니다. 요즘 학교에서는 욕의 근절을 위해 욕의 어원을 알려 주기도 하지요. 그럼에도 많은 친구들이 욕을 그만두지 못합니다. 주로 청소년 친구들은 욕을 '수식어'처럼 말 중간중간에 섞어 쓰는 경우가 많지요. 다른 사람을 비하하기 위해 쓰는 경우도 있지만,

더 많은 경우에 자신의 감정을 표현하기 위해 씁니다. 어느 순간부터 '욕'을 '욕'처럼 생각하지 않게 된 것이지요.

욕이 상대방을 '비하'하는 말이 아니라, 내 감정을 표현하는 '수식어'가 되면 더 이상 욕으로 느껴지지 않습니다. 우리가 매일 쓰는 말처럼 '습관'이 되는 거지요. 많은 청소년 친구들이 욕을 많이 사용하게 된 이유는 이처럼 욕이 일상 언어가 되고 습관이 되었기 때문입니다. 그러다 보면 굳이 쓰지 않아도 될 상황, 쓰지 말아야 할 상황에서도 나도 모르게 욕이 나올 수밖에 없게 되지요. 결국 욕을 오남용하는 것입니다.

오늘 하루 했던 욕들을 돌이켜 생각해 보면 스스로는 알 수 있습니다. 진짜 욕이 나올 수밖에 없어서 했던 욕과 습관적으로 나온 욕을 구별할 수 있지요. 아마 습관적으로 나온 욕이 훨씬 더 많았을 겁니다. 습관적으로 나온 욕은 굳이 할 필요가 없는 것이고, 그건 충분히 조절이 가능한 것이지요. 욕을 줄이는 근본적인 방법은 여기에 있습니다. 습관적이고 불필요한 욕을 줄이기만 해도 많은 변화가 있을 겁니다.

하지만 하루아침에 습관을 바꾸는 건 어렵습니다. 약간의 방법이 필요하지요. 그중 하나는 욕을 안 하는 장소와 시간을 정해 보는 것입니다. 처음에는 작은 장소, 짧은 시간으로 정해 놓고, 좀 더 익숙해지면 장소와 시간을 조금씩 늘려 가는 것이지요. 습관적으로 했던 욕이었다면 처음에는 조금 어색해도 시간이 지나면 의사소통에 문제가 생기거나 답답해지지 않을 겁니다.

살면서 욕을 한마디도 안 할 수는 없겠지요. 하지만 습관적인 욕은 고치는 게 맞습니다. 욕을 무조건 나쁘게 보기보다 왜 하게 되었는지 아는 게 먼저고, 무작정 욕을 안 하는 것보다는 습관적으로 하는 것을 줄이는 게 더 효과적입니다. 욕이란 것은 내 감정이 답답하고 화가 날 때 나오는 것입니다. 청소년 친구들을 비롯해 모든 사람들이 욕을 하지 않아도 될 세상이 온다면 얼마나 좋을까요? 그 열쇠는 지금 세상을 살고 있는 우리 모두의 몫일 겁니다.

왕따 경험은 나의 많은 것들을 바꿔 놓았어.
다른 아이들의 표정과 말투를 신경 쓰게 되고
나쁜 인상을 주지 않으려고 맘에 없는 말과 행동도 했지.

누군가에게 미움을 받고 따돌림을 당한다는 것.
내 주변에 내 편은 단 한 사람도 없다는 것.
정말로 다시는 느끼고 싶지 않은 기분이야.

왕따 경험을 어떻게
극복해야 할까요?

초등학교 5학년 때쯤으로 기억합니다. 어느 날부터 몇몇 친구들이
뒤에서 내 험담을 하고 있다는 걸 알게 되었지요. 그 친구들과 무슨
일이 있었던 건 아니었습니다. 단지 그중에 한 명이 나를 싫어한다
는 것을 알게 되었습니다. 싫어하는 이유도 딱히 없었습니다. 하지
만 그 친구는 나와 친했던 친구한테도 내 험담을 하며 사이를 갈라
놓기도 했습니다. 시간이 갈수록 점점 그 친구는 더 대담해졌습니
다. 나중에는 같은 반 친구들도 덩달아 이유도 없이 나를 따돌리고
험담을 했지요.

결국 학년이 바뀌면서 다시 예전처럼 돌아갈 수 있었지만 그때의
상처는 생각보다 깊었습니다. 많은 시간이 지난 지금에는 그때의
일들이 세세하게 기억나진 않지만 그때의 '감정'들은 생생하게 기억
납니다. 학교에 가는 게 두려웠고, 친구들에게 미움을 사게 된 이유

를 스스로에게 찾으면서 좌절하기도 했습니다. 무엇보다 태어나 처음으로 다른 사람들에게 비난을 받고 따돌려진다는 것이 정말로 큰 충격이었습니다.

'왕따' 문제는 여전히 많은 청소년 친구들이 겪고 있는 일입니다. 시대가 바뀔수록 그 방법과 수위가 더 강해졌지요. 왕따를 당하는 친구들이 겪는 여러 가지 감정 중에 가장 힘든 건 바로 '끝나지 않을 것 같은 좌절감'일 겁니다. 지금 당장 전학을 갈 수도 없고, 선생님이나 부모님께 말씀드린다고 해서 크게 달라질 것도 없어 보이기 때문이지요. 결국 계속 참아 내는 방법밖에는 없는데, 이런 시간이 앞으로도 계속된다고 생각되면 그 절망감은 더욱 커집니다.

하지만 시간이 지난 지금 그때를 돌이켜 보면 결국 '터널'과 같은 시간이 아니었을까 싶습니다. 좁고 어두운 터널일수록 더 길게 느껴집니다. '언제쯤 밖으로 나갈 수 있을까?'라고 생각할수록 시간은 더욱 더디게 흐릅니다. 하지만 중요한 건 모든 터널은 결국 그 끝이 있다는 것입니다. 당장은 어둡고 좁은 터널밖에 보이지 않지만 그 끝에는 분명 밝은 빛이 기다리고 있습니다. '길고 긴 내 인생 중에 지금은 터널을 지나는 시간이구나, 조금만 용기를 갖고 끝을 기다려 보자'라는 마음이 필요합니다.

그리고 그렇게 된 이유를 나에게서만 찾지 않는 것도 중요합니다. 물론 나의 잘못으로 생긴 일일수도 있지만, 누군가를 미워하는 감정은 이유 없이 생기기도 하니까요. '내가 무언가 잘못했으니 이런 일이 생긴 거야' 하면서 스스로를 계속 자책하면 더욱 깊은 수렁에 빠지기도 합니다. 불필요한 자책감을 덜어 내면 의외의 해결 방법이나 극복법이 보일 수도 있습니다. 혹시 지금도 '왕따'로 힘들어하는 친구가 있다면 꼭 잊지 않았으면 좋겠어요. 나의 걸음으로 계속 걷다 보면 어두운 터널도 결국에는 빠져나갈 수 있다는 것을.

좋은 학교에 가기만 하면 될까?

나도 좋은 학교에 가고 싶어.
내가 다니는 학교 등수가 마치 내 등수처럼 느껴지니까.
또 좋은 학교에 가면 내가 하고 싶은 일들도 할 수 있을 거야.

만약 좋은 학교에 못 가게 되면 나는 많이 불안할 거 같아.
진학 문제만 생각하면 마음이 답답해져.

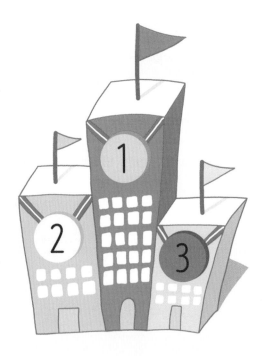

난 어떤 학교에 가게 될까?

좋은 학교로 진학하는
또 다른 방법이 있다면?

'진학'에 대한 스트레스는 청소년과 뗄 수 없는 고민거리입니다. 어떻게 보면 모든 학생들은 진학을 위해 공부하고 있다고 해도 과언이 아닐 테니까요. 예전에는 고3들에게만 해당되는 이야기였지만 이제는 점점 더 나이대가 낮아져서 초등학생 때부터 진학 고민을 하게 되었습니다. 미리 준비해야 더 좋은 학교를 갈 수 있다고 생각하기 때문이지요.

결국 지금의 진학 고민은 '좋은 학교'를 가고 싶다는 고민입니다. 잠깐만 생각을 해봅시다. 우리는 왜 좋은 학교를 가고 싶어 하는 걸까요? 그건 다른 사람들에게 인정을 받고 싶기 때문입니다. 좋은 학교로 진학한다는 건 내가 그동안 얼마나 열심히 해왔는지를 증명해줄 수 있는 결과물이자 보상이라고 생각하지요. 또 그렇게 인정을 받게 되면 내가 하고 싶은 일들을 더 수월하게 할 수 있다고 믿고 있습니다. 그런 생각들이 모여 학교에 순위를 매기게 되고, 더 높은 학교로 가고 싶다고 생각합니다.

좋은 학교로 진학해서 인정을 받고, 하고 싶은 일을 한다는 건 잘못된 게 아닙니다. 하지만 문제는 모든 사람이 좋은 학교를 갈 수 없다는 사실입니다. 전체의 10%도 되지 않는 아주 적은 수의 사람만이 흔히 말하는 좋은 학교로 진학하게 되지요. 그럼 나머지 사람들은 모두 실패한 것일까요? 지금까지 잘못된 삶을 살아온 것일까요? 이 질문에 답을 하기 위해서는 우리의 시각을 조금 바꿔야 합니다. 다른 사람들에게 인정을 받고, 하고 싶은 일을 하는 방법은 좋은 학교로 진학하는 것 하나뿐일까요? 분명 나에게 맞는 방법이 있을 것입니다.

일단 내가 열심히 하고 싶은 것을 정하는 게 가장 첫 번째 순서입니다. 그리고 그것을 맘껏 펼쳐 볼 수 있는 학교를 정하는 게 두 번째 순서이지요. 이때 제일 중요한 것은 조급한 마음을 잠시 내려놓는 것입니다. 지금 당장은 다른 사람들의 '인정'을 받지 못할 수도 있기 때문이지요. 내가 하고 싶은 일을 고르는 것도, 선택한 학교에서 그 일을 묵묵히 해나가는 것도 시간이 필요합니다. 하지만 이 과정을 침착하게 해낼 수 있다면 다른 사람들의 인정은 자연스럽게 따라오게 됩니다.

얼마 전 봤던 기사에는 일반 고등학교 대신 대안학교를 택한 대학생의 이야기가 나왔습니다. 입시보다는 자신의 꿈을 찾는 것에 더 집중할 수 있는 학교 분위기 덕분에 영어 공부에 흥미를 갖게 되었고 '국제 행사 기획자'라는 꿈을 가지게 되었다고 합니다. 대학 전공 역시 영문학과로 진학하였고 재학 중에 규모가 큰 국제 행사 수행원을 맡기도 했다 하지요. 인터뷰에서 대학에 처음 입학할 때는 정규교육을 받은 학생들이 훨씬 뛰어날 것이라는 두려움이 있었지만 그 친구들은 되레 내가 대안학교에서 경험한 것들에 대해 부러워했다고 합니다.

결국 좋은 학교란 남들이 인정해 주는 학교가 아니라, 내가 만족할 수 있는 학교입니다. 진학에 대한 고민도 내가 어떤 학교, 전공을 선택해야 즐겁게 살아갈 수 있을까를 고민해야 합니다. 사람들이 인정해 주는 좋은 학교는 그 수가 적습니다. 하지만 내가 만족하는 좋은 학교는 훨씬 더 많습니다. 그것이 나만의 좋은 학교를 찾아야 하는 이유입니다.

나만 이 길로
가는 거 아닐까?

모든 청소년이 학생인 건 아니야

난 청소년이지만 학교를 다니지 않아.

난 청소년이지만 공부 대신 운동을 해.

난 청소년이지만 춤과 노래 연습을 해.

모두가 학교에서 공부할 시간에 난 다른 것을 하고 있어.
나의 선택이었지만 가끔은 불안하기도 해.
나 혼자서만 다른 길을 가고 있는 건 아닐까?
시간이 흘러 내 선택을 후회하지는 않을까?

청소년과 학생은
같은 단어일까요?

청소년과 학생은 같은 단어일까요?

얼핏 생각해 보면 당연한 거 같지만 사실 두 단어는 같은 뜻이 아닙니다. 청소년은 아직 성인이 되지 않은 십 대를 뜻하는 말이고, 학생은 학교에서 공부를 하는 사람을 뜻하지요. 두 단어의 정확한 관계는 교집합이 있다는 것이 맞을 겁니다. 청소년이면서도 학생이 아닌 사람이 있고, 만학도 같이 학생이면서도 청소년이 아닌 사람도 있지요. 하지만 우리는 두 단어를 사실상 같은 단어로 씁니다. 많은 청소년들이 학생이기 때문이지요.

학생이 아닌 청소년 친구들은 어떤 모습으로 세상을 살아갈까요?

여러 가지 이유로 스스로 학교를 자퇴하고 혼자 공부를 하거나, 대안학교를 다니는 친구들도 있습니다. 또는 학교를 다니긴 하지만 운동부이거나 음악, 미술과 같은 예체능 특기생이라서 다른 공부를 하고 있을 수도 있습니다. 요즘에는 가수나 배우의 꿈을 안고 '연습

생' 신분으로 지내는 친구들도 많지요. 조금씩 차이는 있지만 우리
가 일반적으로 아는 '학생'의 모습이 아닌 청소년 친구들은 꽤 많습
니다.

친구들과 조금 다른 길을 선택한 친구들의 마음은 어떨까요? 자신
이 하고 싶은 일을 하고 있다는 만족감이 크지만 그만큼의 불안감
도 함께 있는 게 보통입니다. 한 번 지나간 시간은 되돌아오지 않는
데 나 혼자서만 이 길을 간다고 느껴지기 때문이지요. 그래도 선택
한 일이 잘 풀리면 마음의 위안을 얻지만, 생각만큼 일이 풀리지 않
거나 미래가 불투명해 보인다면 내가 '잘못된 길'을 선택했나 싶어
낙담하기도 합니다.

하지만 청소년 시기를 지나 어른이 되어 보면 알게 됩니다. 사람들
이 세상을 살아가는 모습은 정말 다양하다는 사실을 말이지요. 청
소년기에는 주변에 학교를 다니는 친구들만 보이기 때문에 스스로
다른 길을 걷고 있다고 느끼지만, 원래 사람은 자신만의 길을 걷는
게 맞는 모습입니다. 그런 사람이 더 행복할 수 있고, 더 나아가 성
공도 할 수 있으니까요. 그러니 청소년 시기에 나의 길을 선택했다
는 것은 오히려 행운일 수도 있습니다.

우리는 '다른 길을 간다'는 말과 '잘못된 길을 간다'는 말을 꼭 구별해야 합니다. 남들과 다르다고 해서 잘못된 게 아니라, 사실 그때부터 진정한 '나의 길'을 가고 있다고 생각해야 합니다. 내가 가고 있는 길에 사람이 별로 없다면 잘못 들어선 게 아니라 오히려 큰 기회가 될 수 있습니다. 설령 그 길에서 잠시 헤매게 되었다고 해도 크게 낙담할 필요도 없습니다. 길을 헤매고 시행착오를 겪는 것도 우리가 성장을 하는 데 꼭 필요한 것이기 때문이지요. 또 우리에게는 다시 방향을 돌려 또 다른 길을 찾을 수 있는 여유도 있습니다.

학교를 다니는 친구들도 마찬가지입니다. 다 비슷한 길을 가는 것 같지만 스스로는 '다른 길'을 가고 있다고 느끼는 친구들이 많지요. 친구들과 조금 다른 모습으로 학교생활을 한다고 해도 그게 잘못된 게 아니라는 것을 잊지 말아야 합니다. 청소년 시기에 잘못된 길이란 게 있다면 내 생각과 선택은 없고 남들이 가는 길만 따라가는 것입니다. 처음에는 별 문제가 없을지 몰라도 '나만의 길'을 가야 하는 어른이 된 후에는 더 큰 혼란이 오기 때문이지요. 내가 가는 길에 사람이 보이지 않다고 불안해하지 말고, 내가 좋은 선택을 했다고 생각하길 바랍니다. 그것이 바로 '행복'으로 가는 지름길이 될 테니까요.

집이 아니라
지옥 같아요, 가족이
제일 힘들어요

나는 왜 가족이랑 있을 때 더 어색할까?

함께 있는 게 더 어색한 우리 가족.
대화를 하려고 해도 딱히 무슨 말을 해야 할지 모르겠고
이제는 이렇게 지내는 게 익숙해진 것 같아.

친구들을 보면 가족끼리 대화도 많이 하던데
우리 가족이 이상한 걸까?

편안한 가족이 되는 것도
공부가 필요합니다

'가족'이라고 하면 우리는 보통 따뜻하고 편안한 존재를 떠올립니다. 하지만 실제로는 그와 다르게 느끼는 경우도 적지 않지요. 오히려 친구나 타인보다도 가족을 더 어색하게 느끼기도 합니다. 특히 청소년 친구들은 아버지와의 관계나 형제, 자매 관계에서 어려움을 느끼는 경우가 많습니다. 매일 함께 먹고 자며 생활하지만, 별다른 대화도 없고 그냥 각자의 시간을 보내는 것이지요.

가족 관계가 어색해진 이유는 가족마다 제각기 다릅니다. 누군가의 잘못에 의한 것일 수도 있고, 그저 가족의 성향 때문일 수도 있습니다. 하지만 그 이유를 찾기 전에 꼭 한 번 생각해 봐야 할 것이 있습니다. 자연스러운 것이 당연할 것 같은 이 가족 관계도 사실은 '공부'가 필요하다는 사실 말입니다. 가족 관계에 공부가 필요하다는 말이 조금 어색하게 들릴지도 모릅니다. 그럼 가족도 수학이나 과학처럼 공식을 외우고 연습 문제를 풀어 봐야 한다는 것일까요?

어색한 아버지와의 관계를 떠올려 봅시다. 아버지와 함께 있어도 무슨 말을 해야 할지 모르겠고, 어렵게 말을 꺼내도 아버지는 내 생각과는 전혀 다른 말씀을 합니다. 또 가끔씩 아버지의 말씀이 별로 공감되지 않고 불편하게만 들립니다. 그때부터 우리는 '아버지는 나랑 말이 안 통해' 혹은 '아버지와의 대화는 늘 어색해'라고 생각하게 됩니다. 그렇게 아버지와의 관계는 점점 더 멀어지는 것이지요.

하지만 살짝만 입장을 바꿔서 생각해 볼까요. 아버지는 일생 동안 '아버지'라는 역할을 몇 번 해보셨을까요? 대부분의 아버지는 '아버지'라는 자리를 평생 딱 한 번 경험합니다. 미리 연습을 해볼 수도 없고, 학교에서 따로 공부를 하는 것도 아닙니다. 결국 아버지도 처음 해보는 역할이기에 때로는 어떻게 해야 할지 모를 수도 있지요. 그건 어머니도 마찬가지입니다. 우리는 보통 부모님은 나이도 많고 경험도 많을 테니 세상 모든 것들을 당연히 알고 있을 거라 생각하지만, 누구나 처음 하는 것은 어렵기 마련입니다. 형제나 자매 관계도 비슷합니다. 태어났을 때부터 지금까지 함께 자라왔지만 서로의 입장을 바꿔서 생각하기도 어렵고, 내가 어떻게 해야 할지 모르는 것들도 많습니다.

가족 관계에서 생기는 문제 역시 다른 대인 관계 문제와 비슷합니다. 서로의 입장을 몰라서 생기는 경우가 많습니다. 하지만 가족이라는 이유로 다른 대인 관계보다 더 노력을 기울이지 않지요. 가족 간의 어색함이나 문제를 줄일 방법은 여느 관계처럼 서로의 입장을 바꿔 생각해 보고, 마음을 툭 터놓고 얘기하는 것입니다. 가족끼리 뭘 그런 걸 다. 이런 생각은 접어 두고요. 물론 청소년 친구들은 물론, 부모님도 함께 노력해야 합니다. 그 시작은 행복한 가족 관계는 그냥 저절로 되는 것이 아니라고 생각하는 것입니다.

첫째라서 힘들고, 막내라서 힘들어!

동생들은 첫째의 고충을 알까?
부모님과 동생 사이에서 책임질 것들이 너무 많아.

가운데 끼인 둘째의 서러움을 알까?
우리 집에선 나만 다른 편인 거 같아.

쉴 틈 없는 막내의 어려움을 알까?
제발 집에서 편하게 지내봤으면 좋겠어.

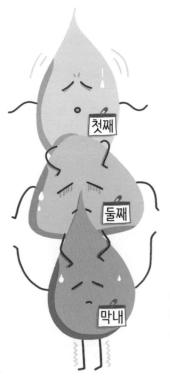

맨 위에서
중심잡기가
어려워…

언제나
중간에 끼어서
갑갑해…

맨 아래라서
버티기가
너무 힘들어…

형제, 자매 때문에
힘이 든다면

예전에 《출생의 심리학》이라는 책을 본 적이 있습니다. 태어난 순서에 따라 달라지는 심리 유형을 정리해 놓은 책이었지요. 물론 책의 내용이 모든 사람들에게 적용되는 건 아니었지만 꽤 흥미로운 이야기들이 많았습니다. 그중에서도 유독 인상에 남았던 내용이 바로 첫째에 대한 이야기였지요. 보통 첫째는 동생이 있기 때문에 남을 배려하는 성격을 가지고, 막내들은 그보다는 좀 더 자기 자신을 챙길 거라는 생각을 합니다. 하지만 실제로는 그 반대의 경우가 많다는 것입니다. 책에서는 그 이유를 첫째는 동생이 태어날 때까지 혼자서 자랐기 때문에 나 말고 다른 형제, 자매가 있다는 것을 늦게 느끼게 된다는 것으로 설명합니다. 이렇듯 가족 중 형제, 자매는 나의 성격에도 영향을 끼칠 만큼 막대한 존재입니다. 또 함께하는 시간이 많기에 갈등도 많아질 수밖에 없지요.

많은 청소년 친구들이 친구 관계만큼이나 형제, 자매 관계에 대한 고민을 가지고 있습니다. 동생이 말을 듣지 않고 대든다거나, 늘 심부름을 시키는 형이나 언니들에 대한 하소연을 하지요. 또 고민이 되는 건 형제 순서에 따라 겪게 되는 저마다의 어려움입니다. 첫째는 첫째대로, 둘째는 둘째대로, 막내는 막내대로의 스트레스가 있지요. 혹은 형제가 없어서 생기는 고민도 있습니다. 이런 고민들의 공통점은 다른 가족들은 내 기분이나 상황을 전혀 이해하지 못하고 챙겨 주지도 않는다는 생각입니다. 쉽게 말해, 언제나 내가 제일 힘들다고 느끼는 것이지요. 그런 마음들이 쌓이게 되면 미움을 낳게 되고, 왠지 가족 중에 내 편은 없는 거 같다는 생각도 하게 됩니다.

형제, 자매는 우리가 세상에 태어나 처음으로 맞이하는 인간관계입니다. 우리에게 사랑을 주는 입장에 서는 부모와는 또 다른 관계입니다. 형제, 자매는 때로는 경쟁자가 되기도 하고, 때로는 더없는 협력자나 친구가 되기도 합니다. 우리의 인생에서 맺어 나갈 다양한 관계 중에 가장 처음이 되는 사람들인 것이지요. 그렇다면 형제, 자매 간의 갈등과 어려움을 푸는 열쇠는 '인간관계'를 이해하는 것에 있을지도 모릅니다. 많은 사람들이 인간관계를 힘들어하는 것은 '나와 다른 생각을 가진 사람'을 이해하는 게 어렵기 때문입니다. 외국인처럼 아예 나와 동떨어져 있는 사람이라면 그 고민이 차라리 좀 줄어들지만 나와 가까운 사람이거나 내 또래의 사람이면 나와 다르다는 걸 더 인정하기 힘들지요.

더욱이 형제, 자매는 가족이기에 나와 다르다는 걸 이해하기 더욱 어렵습니다. 나는 이걸 할 수 있는데 동생은 왜 못하는 걸까, 내가 보기에 하나도 재미없는 걸 언니는 왜 좋아하는 걸까. 이런 생각을 늘 할 수밖에 없는 것이지요. 나와 같지 않을 수 있다는 것을 모른 채 이런 생각들을 하다 보면 많은 갈등들이 생기고 다툼으로까지 이어지게 됩니다.

결국 형제, 자매간의 갈등과 어려움을 풀기 위해서는 우리의 시각을 바꿔야 합니다. 가족이기 전에 나와 또 다른 존재로 생각해야 합니다. 그리고 나와 전혀 다른 생각을 할 수도 있다는 것도 잊지 말아야 합니다. 그러면서 서로의 입장을 헤아려야 합니다. 그런 시간이 쌓이게 되면 서로의 존재를 인정해 주는 진정한 가족으로 거듭날 수 있습니다. 그렇게 되면 형제, 자매간의 갈등도 자연히 줄게 되지요. 생각만큼 쉬운 일은 아니지만 나의 생각에 따라 '출생의 심리학'은 얼마든지 바꿀 수 있다는 것을 잊지 마세요!

막내

화내는 아빠, 잔소리하는 엄마

버럭 화를 내는 아빠, 매일 잔소리를 하는 엄마.
물론 다 이유가 있겠지만,
내 말은 듣지 않고 일방적으로
부모님이 화를 내고 잔소리를 하면
난 정말 어떻게 해야 할지 모르겠어.
나도 나름대로 이유가 있고, 생각이 있는데….

기운이 빠져서 아무것도 하기 싫어져.
집에 있는 시간이 괴로워서 밖에서 시간을 때우다가 들어갈 때도 많아.
화를 내거나 잔소리 없이 부모님과 대화를 할 수는 없을까?

부모님과의 대화에서
내 의견을 잘 말할 자신이 없다면

이제 막 공부를 시작하려고 하는데 "공부 안 하니?"라는 엄마의 목소리. 그 목소리에 순간적으로 맥이 풀리는 경험이 한 번쯤 있었을 겁니다. 똑같은 일도 잔소리를 들으면 하기 싫어지는 건 누구나 똑같지요. 엄마나 아빠가 화를 내는 바람에 하기 싫은 일을 억지로 하게 될 때도 마찬가지입니다. 이미 얼굴은 굳어 버리고 나도 덩달아 짜증을 냅니다. 하루에도 몇 번씩 일어나는 작은 일들이지만, 매일 쌓이다 보면 어느새 큰 고민거리가 되어 있지요.

언젠가부터 아빠는 '화내는 사람'으로, 엄마는 '잔소리하는 사람'으로 생각하게 되어 사소한 대화에서도 감정 대립을 할 때가 많아집니다. 결국 나중에는 아예 대화가 단절되어 버리기도 합니다. 같은 반 친구와 다투기만 해도 하루 종일 분위기가 어색한데, 매일 생활하는 집에서 부모님과 사이가 틀어지면 그 스트레스는 몹시 크게 다가옵니다. 실제로 많은 청소년 친구들이 부모님과의 관계가 좋지 않을 때 '불행하다'고 느낀다고 하지요.

또한 나의 의견이 없는 일방적인 대화는 우리를 더욱 '무기력'하게 만듭니다. 부모님에게 꾸중과 잔소리를 들어서 하는 일은 의욕도 생기지 않아 하는 둥 마는 둥 하게 되지요. 그로 인해 또 잔소리를 듣게 되거나 화를 내시니 부모님과의 갈등은 더욱 심해집니다. 부모님과의 이러한 소통 문제는 어떻게 풀어 나가야 할까요?

부모님이 화를 내거나 잔소리를 하는 이유는 제각기 다르겠지만, 우리가 힘들어하는 이유는 하나입니다. 바로 '일방적인 대화'이기 때문입니다. 부모님이 화를 내거나 잔소리를 할 때는 우리의 이야기를 듣지 않지요. 부모님이 보기에 맘에 안 드는 점이 있으면 그 자리에서 곧바로 말씀하십니다. 하지만 우리의 행동에도 나름의 이유가 있지요. 엄마가 컴퓨터를 끄라고 하셨지만 이것만 끝내 놓고 끄려고 하다 보니 조금 늦게 끄게 된 거고, 친구들과 이야기가 길어져 조금 늦는다는 연락을 못한 경우도 있습니다. 잘한 행동은 아니지만 엄마, 아빠를 힘들게 하려고 일부러 한 건 아니라는 것이지요.

많은 친구들이 이런 마음을 표현하기 힘들어 합니다. 부모님이 화를 내거나 잔소리를 하면 그냥 듣거나 같이 화를 내는 경우가 많지요. 두 가지 방법 모두 좋은 방법은 아닙니다. 가장 좋은 방법은 나의 입장을 차분하게 제대로 말하는 것입니다. 같은 이야기를 부모님이 화를 내면서 말하면 어떤 기분이 드는지, 어떤 이야기가 잔소리처럼 들리는지를 말씀드려야 합니다. 그렇게 하지 않고 그 순간만을 넘기려 한다면 악순환이 반복되겠지요.

갓난아기들은 배가 고프거나 원하는 게 있을 때 '울음'으로 말을 대신합니다. 아기들은 아직 말을 할 줄 모르기 때문이지요. 내가 성장했다는 건 이제 내 생각을 말로 표현할 수 있다는 것이기도 합니다. 부모님과의 관계도 마찬가지이지요. 나도 이제 컸으니 내가 하고 싶은 대로 그냥 두라고 하는 것은 성숙한 것이 아닙니다. 진짜 성숙한 것은 내가 힘들다고 느껴지는 것들을 '표현'하고, 대화를 통해 그것을 해결하려는 모습입니다. 부모님과의 갈등은 부모님과의 대화를 통해서만 해결할 수 있다는 사실을 잊지 마세요!

우리 집에서는 아무도 내 꿈을 믿어 주지 않아

난 앞으로 하고 싶은 게 있어.
하지만 엄마, 아빠는 별로 관심이 없는 거 같아.
내가 그 일을 얼마나 좋아하고, 하고 싶은지 말해도
일단 공부부터 하고 대학교에 간 다음에 하라고 해.

내 꿈에 대해 진지하게 들어 주고
함께 이야기할 사람은 우리 집에 없는 걸까?

일단 좋은 학교
가고 나서 하자

내 꿈은 말야

그런 것들은
어른 되고 나서
취미로 하는 거야

가족의 '지지와 공감'을
얻는 과정에 대해

얼마 전에 했던 학교 특강에서 한 친구의 고민을 듣게 되었습니다. 가족들이 나의 꿈을 믿어 주지 않는다는 것이었지요. 부모님은 이해해 주시는 것처럼 말씀하시면서도 결국 다른 이야기를 하신다고 했습니다. 그 꿈을 계속 이어가야 하는지, 아니면 포기해야 하는지 고민된다고 했지요. 아마 비슷한 고민을 하는 친구들이 많이 있을 겁니다.

요즘에는 어렸을 때부터 자신의 꿈이 명확한 친구들이 많습니다. 실제로 만난 친구들 중에는 웹툰 작가를 꿈꾸거나, 가수를 꿈꾸는 친구들도 많았지요. 내가 좋아하는 것들을 그냥 보고 즐기는 것에 그치지 않고, 직접 해보고 싶다는 것입니다. 그 꿈에 대해서 진지하게 생각하는 것은 물론, 무엇을 준비해야 하는지를 꼼꼼히 챙기는 친구들도 많습니다.

그러다 보면 가족들과 내 꿈에 대해서 이야기를 하게 되지요. 가족들이 내 꿈을 지지해 주면 다행이지만, 만약 그렇지 않는다면 허탈감이 오고 갈등도 생기게 됩니다. 주로 부모님들이 생각하기에 안정적이지 않거나 이루기 쉽지 않은 꿈들일 때 그렇게 되곤 합니다. 일단은 공부를 먼저 하고, 좋은 학교를 간 후에 하라는 말씀도 많이 하십니다. 이럴 때는 어떻게 해야 할까요? 내 꿈은 접어야 하는 걸까요, 아니면 나 홀로 계속 이어가야 할까요?

돌이켜 보면 학창 시절에 꾸었던 꿈과 나중에 사회에 나와서 했던 일은 약간의 '차이'가 있었던 것 같습니다. 모든 일이든 '보는 것'과 '하는 것'은 다르기 때문이지요. 웹툰을 재밌게 보는 것과 웹툰을 재밌게 그리는 것은 분명히 다릅니다. 그러니 내 꿈이 정말 꿈이 되기 위해서는 직접 해보는 시간들이 필요합니다. 관련 학교를 알아보고 진학 준비를 하는 것보다 더 먼저 해야 하는 일이지요. 웹툰 작가가 되고 싶다면 일단 혼자서 웹툰을 그려 보는 겁니다. 결과가 거창하지 않더라도 그 과정이 즐거웠다면 그 일은 나와 맞는 일이라고 봐도 좋습니다.

그렇게 스스로의 확신이 생겼다면 부모님과의 의견 차이는 어떻게 해야 할까요? 물론 내 삶은 내가 스스로 만들어 가는 것이지만 부모님의 '공감' 역시도 중요합니다. 내 꿈을 부모님이 응원해 준다면 자신감을 더 키울 수도 있지요. 또 부모님의 도움 없이 모든 것을 혼자 하기도 불가능합니다. 만약 부모님과 나의 의견이 다르다면 분명 부모님도 그만한 이유가 있을 겁니다. 서로의 생각이 평행선처럼 만나지 않는 것 같은 느낌이 들더라도 배척의 시선으로 부모님을 보지는 않았으면 합니다. 중요한 건 생각이 다르다고 해서 아예 소통을 안 하는 건 더욱 위험하다는 것입니다.

어떤 갈등들은 때로 '시간'이 약으로 작용하기도 합니다. 서로를 이해하는 시간이 필요한 것이지요. 조금 더 열린 마음으로 부모님에게 내 꿈을 설명하고. 그 반대편에 서 있는 부모님의 입장도 같이 헤아려 봐야 합니다. 어쩌면 꿈을 준비한다는 것은 그 과정까지 포함되는 것인지도 모릅니다. 청소년은 '과정'의 시기입니다. 또한 지금 모든 걸 결정할 수도, 할 필요도 없다는 걸 기억하세요. 꿈은 내 경험에 비례하기도 합니다. 경험이 많아질수록 관심이 생기는 일들도 늘어나고 바뀌기도 합니다. 지금 당장 나와 부모님의 생각이 다르더라도 앞으로는 변화가 생길 수 있습니다. 그러니 조금 더 마음의 여유를 갖고 지내는 시간이 필요합니다. 단기간에 이룰 수 있는 꿈은 없습니다. 우리 모두 '시간'의 힘을 믿어 봅시다!

지금처럼 계속 잘할 수 있을까?

학교에서는 모범생, 집에서는 착한 아이.
언제부터인가 내 이미지는 이렇게 굳어졌어.
언제나 인정도 받고 기분도 좋아지지만,
부모님의 기대감이 부담스러운 게 사실이야.

잘해야 기본이고, 한 번이라도 못하면 그동안의 노력도 물거품이니까.
겉으로 내색은 안 하지만 이런 모습을 계속
유지해야 한다는 스트레스가 정말 커.

지금처럼 계속 잘할 수 있을까?
언제쯤 맘 편하게 하루를 지낼 수 있을까?

지금 '누구'를 위해 열심히 하고 있나요?

다른 사람에게 '칭찬'을 듣는다는 건 기분 좋은 일입니다. 더욱 열심히 할 수 있는 동기부여가 되고, 자신감도 생기게 되지요. 청소년 친구들도 예외는 아닙니다. 특히 부모님에게 칭찬을 듣고 인정을 받는다는 건 정말 행복한 일입니다. 하지만 '인정'에 꼬리표처럼 붙어 오는 것이 하나 있지요. 그 평가를 계속 지켜 나가야 한다는 '부담감'입니다. 나를 인정해 주었던 사람의 기대에 부응하지 못하면 인정은 실망으로 바뀔 것이고, 행복함은 패배감으로 변할 것이기 때문입니다.

그러다 보면 언제부터인가 내가 좋아서 하는 일보다 인정을 받기 위해 하는 일들이 더 많아지게 됩니다. 학교에서는 선생님을 의식하게 되고, 집에서는 부모님의 인정에 대해 계속 신경을 쓰게 됩니다. 하기 싫은 것도 억지로 하게 되고, 속마음도 드러내지 못하게 되는 상황이 생겨나지요. 반에서 1등을 한 친구를 모두 부러워하지

만, 정작 본인은 그 1등을 지키기 위해 많은 스트레스를 받는 것과
비슷합니다.

하지만 막상 실생활에서는 나를 위해 열심히 하는 것과 인정을 받
기 위해 열심히 하는 게 별로 달라 보이지 않습니다. 어떤 이유에서
든 잘할 수 있다면 결국 나에게 도움이 되는 거 아닌가 생각하기 때
문입니다. 그 두 가지 일이 차이가 나는 건 결과가 좋지 않았을 때
입니다.

나를 위해 열심히 한 사람은 결과가 좋지 않더라도 쉽게 좌절하지
않습니다. 다른 사람들은 몰라도 나는 내가 그동안 어떻게 해왔는
지 잘 알기 때문이지요. 하지만 남에게 인정받기 위해 열심히 한 사
람은 결과가 좋지 않으면 좌절할 수밖에 없습니다. 다른 사람에게
는 오로지 '결과'만으로 말해야 하기 때문입니다. 열심히 해온 과정
이나 사소한 실수 같은 것들은 마치 핑계처럼 여겨집니다.

결국 인정을 받는다는 건 장점과 단점을 함께 가지고 있습니다. 자
신감과 동기부여를 얻는 것에는 좋지만, 다른 사람의 인정에만 집
착하면 그로 인해 생기는 스트레스가 더욱 많아집니다. 청소년 시
기는 무언가를 이루는 시기가 아니라 조금씩 만들어 가는 때입니

다. 그 과정에서 때때로 실패하고, 시행착오를 겪는 게 너무나 당연한 일이지요. 인정에 너무 매달리게 되면 청소년 시기에만 겪을 수 있는 시행착오를 나를 위한 '약'으로 만들 수가 없습니다. 매일매일이 시험을 보는 날과 비슷한 것이지요.

우리 삶에서 '부담감'은 남을 지나치게 의식할 때 생기는 것이 많습니다. 그것을 해결하는 방법은 다른 사람들이 나를 어떻게 생각할까 보다는 내가 나를 어떻게 보느냐를 먼저 생각하는 것입니다. 내가 무언가를 열심히 할 때 잠시 한 발자국 뒤로 나와 생각해 보세요. 지금 이건 나를 위해 하는 건지, 다른 사람의 인정을 위해 하는 건지 말입니다. 적절한 긴장감은 우리의 능력을 높여 주기도 하지만, 그것이 부담감으로 바뀌면 잘하던 일도 제대로 할 수 없지요. 그것을 조절할 수 있는 것은 그 누구도 아닌 '나 자신'밖에 없습니다.

누구에게도 말할 수 없는 이야기

매일 매일 싸우는 엄마 아빠.
집안 분위기는 늘 험악해지고
가끔씩은 그 화살이 나에게 오기도 해.

집으로 들어가는 게 두려워지고
집에 있는 시간이 하루 중에 가장 불안한 시간이야.
늘 초조하고, 걱정되고, 화도 나는 이 마음.

그 누구에게도 말할 수 없는 이야기.

그건 내 잘못이
아니잖아요

'엄하신 아버지와 인자하신 어머니'라는 말을 들어 본 적 있나요?
한때 자기소개서 첫 줄에 절대 쓰지 말아야 하는 문장으로 꼽힌 말
이었지요. 나만의 이야기를 써야 하는 자기소개서에 넣기에는 너무
나 평범하고 진부한 표현이라는 게 그 이유입니다. 아마도 엄하신
아버지와 인자하신 어머니는 우리 머릿속에 깊숙이 박힌 '평범한 가
족'의 모습일 겁니다. 무의식중에 우리는 다들 이런 모습으로 살아
가고 있다고 생각하고 있지요.

하지만 실제는 다른 경우가 더 많습니다. 부모님의 관계가 좋지 않
은 경우도 많고, 아예 같이 살고 있지 않거나 이혼을 한 경우도 많
습니다. 부모님 중 한 분하고만 사는 친구들도 많지요. 혹은 부모
님이 같이 살더라도 매일매일 불안과 갈등 속에서 지낼지도 모릅니
다. 겉으로 보기에는 다들 비슷해 보여도 사실 집집마다 모두 사연
을 갖고 있지요.

그런 상황에 놓인 친구들은 자기소개서에 절대 쓰지 말라고 하는 저 표현을 가장 동경하며 살아갈지도 모릅니다. 왜 나는 '평범한 가족'의 모습으로 살아갈 수 없을까 하는 고민을 매일 하고 있을 테니까요. 그 마음을 더 힘들게 하는 건 이런 고민은 어디에도 말할 수 없다는 사실이지요. 부모님의 일이지만 마치 나의 흠처럼 느껴져서 친구들은 물론, 친척이나 학교에서 숨기게 됩니다. 청소년 친구들에게 부모님의 불화는 생각보다 큰 고민의 대상입니다.

정말로 쉽지 않은 시간임에 틀림없습니다. 내 힘으로 부모님의 불화를 막을 수도 없는 노릇입니다. 게다가 따로 독립을 할 수도 없는 시기이지요. 아직 부모님의 보살핌을 받아야 할 시기에 오히려 불안과 고민거리만 받고 있으니 이러지도 저러지도 못하는 친구들이 많을 겁니다. 하지만 그런 친구들에게 이런 얘기를 해주고 싶습니다.

삶을 살아가다 보면 종종 '내가 바꿀 수 없는 상황'을 만나곤 합니다. 쉽게 말해 나 때문에 생긴 일이 아닌 것들이지요. 내가 어떻게 한다고 해서 상황이 바뀌지 않는 일들입니다. 부모님의 불화는 나때문에 생긴 일이 아니지요. 그럴 때는 억지로 상황을 바꾸려 하기보다는 그 상황을 바라보는 내 '시각'을 바꾸는 게 좋았던 것 같습니다. 때때로 세상일은 내가 어떻게 바라보느냐에 따라 완전히 다르게 느껴지기도 하니까요.

그중 하나의 방법은 부모님의 삶과 나의 삶을 '분리'해서 바라보는 겁니다. 물론 우리는 부모님이 낳아 주셨지만 그 이전에 각자 독립된 인생임을 잊어서는 안 됩니다. 내가 스스로의 힘으로 살아갈 수 있을 때까지 부모님께서 키워 주시고 보살펴 주시는 것이지 내가 부모님의 삶 속에 포함되어 있는 건 아니니까요. 부모님의 불화를 바라보는 시각도 그렇게 해보는 겁니다. 부모님의 불화는 두 분의 문제이고, 그건 나에게 연결되거나 영향을 끼치는 일이 아니라고 바라보는 거지요. 물론 쉽지는 않을 겁니다. 하지만 불필요한 자괴감과 불안감에서 빠져나오는 출발점이 될 수 있습니다. 작은 생각의 차이가 힘든 시간을 지탱하는 힘이 될 수도 있다는 사실을 잊지 말길 바랍니다.

아빠 말대로 하면 돼!

다 너를 위한 거야~

결국 결정은 부모님이 하는 거잖아

엄마, 아빠는 내가 하고 싶은 대로 하라고 하시지만
늘 정답은 이미 정해져 있어.
모든 일을 아빠의 방식대로, 엄마의 기준대로 하다 보면
늘 내 의견은 외면받곤 해.

물론 난 엄마, 아빠가 낳아 주셨지만 나도 내 생각이 있으니까,
내 일은 직접 결정하며 살아가고 싶어.

부모님의 기대와 결정이
솔직히 버겁다면

부모님과의 관계는 모든 청소년 친구들의 고민거리입니다. 부모님과 갈등이 생기는 이유는 여러 가지겠지만 그중 가장 힘든 건 부모님의 결정을 나에게 일방적으로 강요할 때가 아닐까요? 실제로 많은 친구들이 하루 일과나 진학 문제, 장래 희망을 결정하는 일에서 부모님의 영향을 크게 받습니다. 내가 하고 싶은 일은 따로 있지만 부모님이 바라는 직업을 위해 공부하거나, 이미 부모님이 짜놓은 계획대로 그냥 따라가는 경우도 매우 흔하지요.

부모님의 뜻만 따르자니 의욕이 잘 생기지 않고, 내 뜻대로 하려고 하니 부모님이 허락해 주지 않으십니다. 이러지도 저러지도 못하는 상황 속에서 스트레스는 커져만 갑니다. 특히 진학이나 진로를 결정할 때는 더 큰 고민이 생깁니다. 사실 인생의 방향을 잡는 일인데 나의 생각이 반영되지 않으니 답답함을 느끼고 무기력해지기도 합니다. 부모님이 평상시에는 자유롭게 하라고 말하다가도 막상 결정의 순간이 오면 부모님의 뜻을 강요하기 일쑤입니다. 더 좋은 선택, 더 안전한 선택이라면서요. 많은 청소년 친구들이 이때 부모님과 관계가 나빠지곤 합니다.

난 언제나 부모님의 뜻만 따라야 할까요? 정말 나보다 인생을 더 오래 사신 부모님의 말이 다 옳은 걸까요? 사실 쉽게 대답할 수 있는 문제는 아닙니다. 청소년 시기는 아이와 어른 중간 시기입니다. 스스로 할 수 있는 일들이 늘어났지만, 아직 혼자서 할 수 없는 일들도 있지요. 또 경험을 해본 일보다 경험해 보지 못한 일들이 더 많습니다. 부모님의 말씀은 그 빈자리를 채워 줍니다. 조금 더 좋은 결정을 내리고, 행복한 삶을 위해서 조언을 해주시는 것이지요.

하지만 한 가지 잊지 말아야 할 것이 있습니다. 아무리 좋은 이야기라도 나와 맞지 않는다면 소용이 없다는 것입니다. 또 인생의 모든 결정을 다 부모님이 내려 줄 수는 없습니다. 계속 부모님의 결정에만 따르다가는 내 결정 따위는 제대로 내릴 수 없는 어른이 되어 버릴 수도 있습니다. 부모님의 말씀이 옳고 그르고의 문제가 아니라, 나에게 맞는 것인지 아닌지가 중요하다는 말이지요. 무언가를 결정해야 할 시기에 부모님께서 좋은 조언을 해주셨다면 무조건적으로 따르거나, 혹은 반항심에 무조건 거부하기보다는 '나에게 맞는 걸까?'를 진지하게 고민해 봐야 합니다. 부모님이 인생을 더 오래 사셨더라도, 내 인생을 나만큼 깊이 이해하는 사람은 어디에도 없다는 걸 기억하세요. 내가 어떤 기분이 들고, 내 생각은 어떠한지를 더 깊이, 진중하게 또 냉정하게 생각해 봐야겠지요.

그런 다음, 지금의 이 결정에 대해 나는 지금 어떤 생각을 하고, 무슨 기분인지를 부모님과 차분히 대화하는 경험을 쌓으세요. 그렇게 대화를 하면서 부모님의 기대와 내 의지의 중간 지점을 만들어 갑니다. 마치 시소 놀이와도 비슷합니다. 어느 한쪽으로 치우쳐 있지 않고, 균형을 맞춰 나가는 것이지요. 어른이 되는 데는 이렇게 소통하며 현명한 결정을 찾아 내리고, 그 결정에 스스로 책임을 지는 경험을 해보는 것이 매우 중요합니다.

청소년 시기에 부모님과 소통을 하면서 좋은 결정을 내리는 건 절대 쉬운 일은 아닙니다. 하지만 그보다 더 위험한 건 나의 인생에 나의 의견이 빠지는 것입니다. 아직 혼자서 모든 것을 결정하고 실행할 수는 없지만, 그렇다고 해서 내 생각마저 하지 못한다는 건 아닙니다. 아무리 좋은 것도 내가 좋아야 의미가 있다는 것을 잊지 말길 바랍니다.

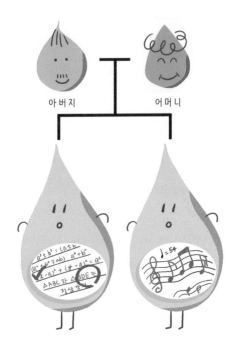

아버지   어머니

겉모습은 닮았어도 속은 다를 수 있어!

같은 엄마, 아빠 밑에서 태어난 우리는 겉모습은 비슷하지만
잘하는 것도, 관심 있는 것도 모두 달라.
누나는 수학을 좋아하지만, 나는 음악듣기를 좋아해.
오빠는 운동을 잘하지만, 난 움직이는 걸 별로 좋아하지 않아.

부모님이나 다른 사람들이 우리를 저울질하는 건 정말 싫어.
내가 잘하는 걸 동생이 못할 수도 있고,
형이 싫어하는 걸 내가 좋아할 수도 있잖아.
우리는 가족이지만 그렇다고 모든 게 다 똑같지는 않아.

가족, 조금 더 자세히 보면
알 수 있는 것들

우리는 잘 알고 있습니다. 같은 나이에, 같은 학교를 다니고, 같은 교복을 입고 있지만 우리는 모두 완전히 다른 사람들이라는 것을 말이죠. 키도 다르고 얼굴 생김새도 모두 다릅니다. 성격이나 취향은 더욱 다르지요. 모두 학생이기 전에 독립적인 존재입니다. 하지만 누군가 우리를 자세히 보지 않았다면 '다들 똑같은 학생 아니야?'라고 생각할 수도 있습니다.

가족도 마찬가지입니다. 한집에서 같이 살고 생김새도 닮았지만 우리는 가족이기 전에 독립적인 존재입니다. 형제, 자매가 있는 친구들은 자주 느낄 겁니다. 겉모습은 비슷해 보이지만 서로가 얼마나 다른지 말이지요. 형제, 자매뿐만 아니라 쌍둥이도 마찬가지입니다. 겉모습이 같다고 속마음까지 똑같은 건 아니기 때문입니다.

같은 학교에 다니는 동갑 친구, 세상에 하나밖에 없는 형제는 우리에게 힘을 주기도 하지만 그로 인해 때로는 상처를 받기도 합니다. 다른 사람들이 늘 비교 대상으로 언급하기 때문이지요. '왜 같은 학년인데 너는 이걸 잘 못하니?' 혹은 '똑같은 자매인데 너는 왜 언니만큼 못하니?' 이런 말은 우리를 너무 힘들게 합니다.

하지만 잘 생각해 보면 우리도 가끔은 그런 실수를 합니다. 우리 엄마는 왜 내 친구 엄마처럼 안 해줄까? 왜 우리 아빠는 돈을 더 못 벌지? 우리 오빠는 왜 내 친구 오빠보다 인기가 없고 소심할까? 엄마 아빠이니까, 동생이니까, 누나이니까 '이해해 줄 거야'라고 생각하지요. 사실 내 부모님이시기 전에, 동생이나 누나이기 전에 모두 똑같은 사람인데 말이지요. 언제나 우리를 위해 모든 것을 기꺼이 해주시지만 엄마 아빠도 하고 싶은 것이 많고, 갖고 싶은 것이 있는 사람임을 자주 잊곤 합니다.

가족처럼 가까운 관계일수록 서로 관심을 더 가지고 자세히 보아야 합니다. 우리는 부모님과 다른 형제에게 얼마나 알고 있을까요? 매일 함께 살아가기에 더 무심해지고 관심을 갖지 않을 때가 많지요. 부모님이 우리를 자세히 보지 않아 차이점을 못 느끼시는 것처럼 우리도 부모님을 그렇게 바라보고 있지 않은가요?

청소년 친구들은 커갈수록 나의 권리와 자유를 말하게 됩니다. 당연한 이야기지요. 나이가 어리다고 해서 모든 것을 억압받아서는 안 되니까요. 하지만 나의 권리와 자유를 말할 때 다른 가족, 특히 부모님의 권리와 자유도 바꿔서 생각해 보길 바랍니다. 부모님도 한 사람의 개인으로서 누리고 싶은 권리와 자유가 있지요. 사실 그중 많은 부분은 우리 때문에 억누르고 있습니다. 가족이란 그렇게 서로를 위해 자신의 권리와 자유를 기꺼이 포기하기도 하는 존재입니다. 분명 청소년 친구들도 이런 의미를 잘 알고 있을 겁니다. 앞으로는 가족 관계에서 힘든 부분이 있다면 혹시 다른 가족도 그것 때문에 힘들어하진 않는지 챙겨 보는 건 어떨까요? 조금 더 자세히 보면 알 수 있는 것들을 챙기면 가족 관계는 더 좋아질 수 있습니다.

누군가 내 이야기를 들어 주었다면

십 대 시절, 나는 매일 무언가를 고민하고 걱정했던 것 같다. 원래 생각이 많은 성격이긴 했지만, 그때는 정말로 난해한 고민들이 많았다. 친구 관계나 학교 성적은 늘 하는 고민이었고 때때로 미래에 대한 걱정과 집안일까지도 고민했었다. 친구가 많았던 건 아니었지만 내 이야기를 진지하게 들어 줄 친구들은 있었고, 마음만 먹으면 부모님께도 내 이야기들을 털어놓을 수 있었다. 하지만 그럴 수가 없었다. 친한 친구이기에, 또 부모님이기 때문에 말할 수 없는 것들이 너무 많았다.

결국 그 고민의 무게는 오롯이 나의 몫으로 남았다. 혼자서 모든 것을 감당해야 했고, 그래서 외로워지기도 했다. 사람들은 혼자 고립되었을 때만 외로워질 거라 생각하지만, 사실 우리는 '나 혼자만 힘들다'라고 느껴질 때 외로워진다. 반대로 아무리 힘든 일을 겪고 있더라도 '나 혼자만 이렇게 힘든 건 아니다'라고 느껴진다면 우리는 외롭지 않을 수 있다. 더 나아가 힘든 상황을 이겨 낼 힘이 생기기도 한다. 하지만 십 대 시절의 나는 혼자서만 힘들다고 느껴질 때가 많았었고, 그때마다 외로웠다.

만약 그때 내 이야기를 들어 줄 사람이 있었다면 어땠을까? 너만 그런 고민을 하는 게 아니라고, 잘못된 선택을 한 게 아니라고 말해 주며, 나의 고민을 들어 줬다면 지금의 나는 또 다른 모습이 될 수 있었을까? 내가 십 대였을 때도 대한민국 청소년은 힘들다고 했었다. 그 이야기는 아직도 유효하다. 아니 오히려 더 힘들어진 것 같다. 경쟁은 더 치열해졌고, 그것을 견디기 위해 더 어린 나이부터 준비를 해야 한다. 어쩌면 모든 학생들이 '고3'이 된 것 같기도 하다.

'입시'라는 분명한 목적이 있는 한 모든 것은 입시만을 위해 돌아간다. 사춘기 시절 당연히 해야 할 고민들도, 공부와 경쟁 때문에 생긴 스트레스들도 모두 뒤로 밀릴 수밖에 없다. 예전보다 더 치열해졌지만 그것을 해소시킬 방법은 더 줄어들었다. 사람은 기계와 다르다. 우리에게는 '감정'이 존재하며 매일매일 생각과 고민에 빠질 수밖에 없다. 입시의 효율성을 위해 '감정의 문제'를 소홀히 한다면 시간이 지난 후에 더 큰 문제가 생기게 된다. 빠르게 가려다가 더 돌아가게 되는 것이다.

작은 책 한 권으로 청소년 친구들의 수많은 고민들을 모두 해결할 수는 없다. 다만 지금 나를 힘들게 하는 고민들이 나만의 이야기가 아니라고 느꼈으면 좋겠다. 그리고 그런 고민을 하는 것이 너무나 자연스러운 일이란 걸 알게 되었으면 좋겠다. 그럴 수 있다면 우리는 지금보다 조금 덜 외로울 수 있고, 이겨 낼 힘을 얻을 수 있을 것이다.

글과 그림을 함께 작업하는 일은 결코 쉬운 일이 아니었다. 일이 두 배로 늘어난 만큼 작업시간도 두 배로 늘었다. 하지만 책 작업이 끝났을 때 느낀 보람은 그 어느 때보다 컸다. 부디 이 책이 힘든 시기를 보내고 있는 청소년 친구들에게 조금이나마 도움이 될 수 있길 바란다.

끝으로 이 책이 나올 때까지 격려와 응원을 아끼지 않은 사랑하는 가족과 원고가 막힐 때마다 힘이 되어 준 소중한 사람에게 고마움을 전하고 싶다. 또 마음을 열고 사연을 전해 준 청소년 친구들과 집필 기간 내내 큰 힘을 보태 주신 박선희 에디터님께도 감사드린다.

전진우

책가방을 메고
오늘도 괜찮은 척

초판 1쇄 발행 2016년 12월 10일
초판 4쇄 발행 2020년 11월 10일

지은이 전진우
펴낸이 이지은 **펴낸곳** 팜파스
기획편집 박선희
디자인 조성미 **마케팅** 김서희, 김민경
인쇄 범선문화인쇄

출판등록 2002년 12월 30일 제 10-2536호
주소 서울특별시 마포구 어울마당로5길 18 팜파스빌딩 2층
대표전화 02-335-3681 **팩스** 02-335-3743
홈페이지 www.pampasbook.com | blog.naver.com/pampasbook
이메일 pampas@pampasbook.com

값 12,000원
ISBN 979-11-7026-135-3 (43190)

ⓒ 2016, 전진우

· 이 책의 일부 내용을 인용하거나 발췌하려면 반드시 저작권자의 동의를 얻어야 합니다.
· 잘못된 책은 바꿔 드립니다.

이 도서의 국립중앙도서관 출판시도서목록(CIP)은 서지정보유통지원시스템 홈페이지
(http://seoji.nl.go.kr)와 국가자료공동목록시스템(http://www.nl.go.kr/kolisnet)에서
이용하실 수 있습니다.(CIP제어번호: CIP2016028424)